T0268358

Breve historia de la literatura universal

BREVE HISTORIA DE LA LITERATURA UNIVERSAL

Enrique Ortiz Aguirre

Colección: Breve Historia
www.brevehistoria.com

Título: *Breve historia de la literatura universal*
Autor: © Enrique Ortiz Aguirre
Director de colección: Luis E. Íñigo Fernández

Camino de los Vinateros 40, local 90, 28030 Madrid
www.nowtilus.com

Elaboración de textos: Santos Rodríguez

Diseño y realización de cubierta: Universo Cultura y Ocio
Imagen de portada: William Shakespeare (Retrato Chandos). Galería Nacional del Retrato de Londres

ISBN edición impresa: 978-84-1305-056-0
ISBN impresión bajo demanda: 978-84-1305-057-7
ISBN edición digital: 978-84-1305-058-4
Fecha de edición: septiembre 2019

Impreso en España
Imprime: Servinform
Depósito legal: M-25505-2019

A Pilar, Kike, Ariadna, Nereida,
Penélope, Luna y Dánae,
cuerpos que llenan de alma todos mis fantasmas.

A Salma, por su compañía cómplice.

A mis padres y hermanos,
por la resignación ante las ausencias.

Dominamos al mundo a través de los signos,
y a nosotros mismos por medio de los símbolos.

Victor Turner

Solo te ruego que seas.

Swinburne

Índice

Atrio

Este volumen que el lector tiene entre sus manos entraña una dificultad máxima por tres motivos fundamentales, a los que podríamos añadir todos los que quisiéramos. En primer lugar, ha de ser una «breve historia», de lo que se colige un carácter compendioso pero sucinto, y, por otra parte, no puede ser más abarcador, puesto que se ocupa de la literatura universal. La primera consideración, pues, ha de dirigirse a la naturaleza oximorónica de la obra, tan contenida en su extensión como universal en el ámbito de sus contenidos. En cuanto a la segunda, no podemos olvidar que, generalmente, la literatura universal obedece a una perspectiva eurocéntrica, con absoluto desinterés por su propia naturaleza transcontinental, de modo que —sin desmerecer la indiscutible transcendencia de la literatura europea— hemos pretendido también dar cabida a literaturas que no suelen encontrar su espacio en ningún volumen de esta índole. Por último, estamos acostumbrados a encontrar en este tipo de estudios panorámicos, nóminas de autores y obras que no conducen a demasiado, salvo a alimentar con más palabras un mismo desconcierto.

Todo ello, sin duda, ha complicado sobremanera la preparación de un trabajo que se ha creado entre Madrid, Ayamonte, Cádiz, Denia, Lisboa y Ávila con un espíritu tan riguroso como moderno, ya que, aunque no se ha pretendido elaborar un estudio que prescindiese de los principales movimientos, autores y obras, tampoco se ha querido renunciar ni a la reproducción de algunos textos ni a una interpretación cabal para promover un auténtico conocimiento holístico, contextual y significativo con las obvias limitaciones que lo amenazan; en este caso, multiplicadoras del comprometido asunto de las ausencias y de las presencias discutibles que conlleva toda selección, máxime cuando no encuentra restricciones ni de lugar ni de tiempo. Sin embargo, en aras de hacer de la necesidad una virtud, se propone un suculento trabajo que no renuncia ni a la amenidad ni al prurito intelectual para ofrecer desde el deleite un completo escenario para iniciados, amantes, profesionales (profesorado y discentes de cualquier nivel educativo) o curiosos de la literatura, por supuesto, con mayúsculas.

Todo esfuerzo, como el que conlleva culminar un proceso cuyo producto puede disfrutarse ahora, lleva aparejados sinsabores, encierros y muchas horas de dedicación. El desgaste en la preparación de esta monografía ha sido especialmente pírrico, con lo que se espera que el mucho tiempo que ha arrebatado al autor redunde, al menos, en un increíble ahorro de este para el lector mientras disfruta del inmenso placer del conocimiento. Todos los riesgos asumidos, que son muchos, se transforman —por obra y gracia del milagro del libro— en una atractiva invitación. Finalmente, como la literatura, este texto busca a su lector, ese tacto que dibuja la realidad de sus contornos y la oquedad de sus dudas.

Sea como fuere, la escritura de esta obra presupone el contagio del riesgo que implica navegar sin atisbar los horizontes, esa experiencia tan inquietante como vivificadora que se ha traducido en la inclusión de un capítulo inicial del que se suele prescindir dadas sus múltiples aristas —tantas veces cortantes—; en el especial desarrollo de los capítulos que nos impulsan desde el origen y en capítulos finales monográficos para la literatura hispanoamericana y las literaturas africana, eslava, árabe, china y japonesa con la diversidad en la que se multiplican.

En definitiva, esta publicación pretende situar al lector en una tesitura de permanente diálogo con un legado cultural de primer orden que lo concierne vivamente. Un volumen, pues, que no solo fomenta el permanente espíritu crítico —pues está *preparado* para ello—, sino que establece un inestimable puente entre nuestra condición efímera y ese deseo insoslayable que nos habita de instalarnos en un paraíso posibilitador de todas esas vidas que necesitamos vivir para dotar de sentido a las insuficiencias de la única vida, al parecer, concedida a los seres humanos, incapaz de colmar las inquietudes y anhelos de nuestra propia naturaleza, que reclama una atención que descuidamos muy a menudo. Si creer es crear, seamos. Adelante, no tengan miedo a conocerse…

0

La literatura universal como concepto

El hecho de que la literatura universal como concepto se base en el hallazgo de un manuscrito que se reveló como falso, no hace sino añadir un halo de ficción connatural al hecho que nos ocupa. Se trata del célebre manuscrito de Königinhof, cuya falsificación certificaron primero Tomáš Masaryk y, posteriormente, diversos análisis. Sin embargo, fue Goethe quien acuñó el término de literatura universal (*Weltliteratur*) por vez primera allá por 1827, en plena fiebre romántica de exaltación del hecho literario como expresión de pensamientos, emociones, sentimientos y preocupaciones de los pueblos del mundo. Así, el concepto mismo nace asociado a la idea de la literatura como expresión esencial e identificativa del ser humano y, por lo tanto, como superadora de meras fronteras geográficas, inoperantes cuando se trata de asuntos que conciernen al mapa de las emociones, pensamientos, preocupaciones y sentimientos humanos.

Esta vocación supranacional del término constituye un fabuloso punto de partida para incidir en todo aquello que nos une, al margen de accidentes geográficos azarosos, y para relegar lo que nos separa. Hay un impulso humanista en el término que acuña Goethe, ya que defiende el hecho de que una obra maestra, se escriba donde se escriba, es en realidad patrimonio de todos.

Ahora bien, la dificultad se deja ver inmediatamente, porque ¿quién elige las obras que formarán parte de la literatura universal? ¿Qué rasgos de la obra se consideran relevantes? La literatura universal debería incluir obras que se consideren clásicos incorporados a un determinado canon. Así, con el término que da nombre a esta monografía, surgen otros con los que se relaciona de manera directa.

Literatura universal, canon y clásico

El concepto de canon encierra siempre un valor didáctico en tanto en cuanto se convierte en modelo ideal para los demás. Su procedencia etimológica tiene que ver con la vara para medir, es decir, con el referente a través del cual se evaluarán el resto de obras. De esta manera, el canon sería el conjunto de obras o de autores representativos de una literatura. Y de aquí vendría un problema añadido: ¿qué entendemos por *representativo*? En este sentido, podríamos proponer dos ámbitos fundamentales de representatividad: el placer lector (esa elección de una obra por aclamación lectora) o el academicismo (selección por cuanto una obra reúne magistralmente las características de un determinado movimiento estético o es conducida a las cimas de su género). Desde nuestro punto de vista, tanto monta el interés lector que despierta la obra, monta tanto que reúna características que la conviertan en ejemplar modélica entre las de su categoría, ya que en las grandes obras de la literatura universal suelen coincidir en ambos extremos. En todo caso, la selección de obras nos conduciría al tercer término en esta lid: *clásico*. Desde ciudadano ejemplar hasta clarín cuya proclama incita al seguimiento, el concepto de clásico ha llevado aparejado el de ejemplaridad etimológicamente. Con posterioridad, el término ha venido a aplicarse a obras literarias que presentan algunas características como el hecho de su permanente actualidad, las reiteradas relecturas que suscita y, sobre todo, su significado inagotable, en virtud del cual se pueden extraer constantes interpretaciones. De alguna manera, con todas las dificultades e insuficiencias que ello conlleva, este volumen presenta los grandes clásicos de la literatura universal (con especial incidencia en la europea) en su complicadísima selección.

Así, las obras que conforman la monografía han de tener la vocación de un clásico por cuanto vienen corroboradas tanto por el placer lector como por su academicismo (en cuanto a presentar rasgos que las encumbran entre las de su mismo género), tal y como apunta el subtítulo de la obra: el paraíso de los libros, de suerte que se privilegia el placer ontológico de la lectura, su capacidad para satisfacer nuestra íntima tragedia de vivir solo una vida, pero ansiar miles (en cierta paráfrasis del decir del nobel Vargas Llosa). De esta manera, la literatura universal se convertiría en el lenitivo de nuestra insatisfacción existencial, de nuestra condición precaria. Además de satisfacer el placer mental y humano, rellena una necesidad: multiplicarse en otras vidas que también forman parte de la nuestra, en una pirueta extraordinaria que el escritor Fernando Pessoa representaría paradigmáticamente, ya que el propio autor encuentra su naturaleza en su desdoblamiento, en su multiplicación en otros yoes que forman parte de su propia esencia.

En todo caso, constatamos la connivencia entre literatura universal, canon y clásico, para concederle a la primera su condición de proyecto transcultural y su reivindicación humanista transnacional; a la segunda, su carácter didáctico, y a la tercera, su condición de significado inagotable. Las implicaciones entre los ámbitos conceptuales de estos términos serán tejido permanente del trabajo que nos ocupa, como la decidida intención de no limitarnos a un mero listado de autores y obras, sino a la permanente exaltación del placer lector en relación con el disfrute estético de otros lenguajes artísticos asimilables.

Una superación de las literaturas nacionales y de los lenguajes artísticos. La teoría pendular

En realidad, esta posibilidad de establecer un fructífero y enriquecedor diálogo entre las diferentes manifestaciones artísticas no puede considerarse como algo actual, sino que encuentra su sentido en planteamientos como los de Nietzsche en *El nacimiento de la tragedia*, en el momento en el que se aborda la pulsión de lo apolíneo y de lo dionisiaco como detonantes de la creación artística en contra de la concepción estética de Schopenhauer,

Friedrich Nietzsche fotografiado en 1882

que apostaba por una inspiración única como origen del arte. Esta apasionante reflexión, a nuestro juicio, avala el proyecto transnacional de la literatura universal (en tanto en cuanto se trata de una teoría válida para las obras artísticas, al margen de la nacionalidad a la que se adscriban) y el estimulante diálogo entre manifestaciones estéticas que emplean diferentes lenguajes artísticos, ya que su marco teórico no tiene por qué reducirse a un determinado tipo de arte, sino que resulta válido y extensivo a todos (así, pueden comunicarse entre ellas obras literarias, pictóricas, musicales, escultóricas y cinematográficas). De alguna manera, el filólogo clásico alemán, que pasó a la celebridad como filósofo, propone dos pulsiones que explicarían las manifestaciones artísticas de los seres humanos a modo de movimiento pendular. Esta tensión entre ambas pulsiones no se resolvería nunca, con lo que podemos entender que el arte constituye una búsqueda permanente que, en realidad, no tiene fin y ahí precisamente es donde reside su propia naturaleza.

Esta explicación del impulso artístico desde lo apolíneo y lo dionisiaco supone aceptar la indagación artística por diferentes derroteros que no se oponen ni se contradicen, sino que se complementan. Así, lo apolíneo se relaciona con el dios Apolo y tendría que ver con la armonía, el equilibrio, la proporcionalidad, la musicalidad, la mesura, la racionalidad, la luz, la simetría; mientras que lo dionisiaco, inspirado en Dionisos, se caracterizaría por el desequilibrio, la desproporción, lo grotesco, los contrastes, la desmesura, lo irracional, las sombras, lo asimétrico. En todo caso, no se proponen como pulsiones enfrentadas, a pesar de su carácter antagónico, sino como complementarias, a modo de dos caras de una misma moneda: el arte. Esta categorización supone, además, considerar el arte como manifestación estética, sin diferenciaciones entre distintos lenguajes. De esta manera, se contribuye decididamente a la interrelación entre literatura, pintura, escultura, música y cinematografía, puesto que las obras podrán asimilarse unas a otras según su condición predominantemente apolínea o dionisiaca. La categorización nietzscheana, pues, abona las enriquecedoras relaciones entre obras artísticas, promoviendo, además de la literatura universal, la literatura comparada, que permite abordar las semejanzas y las diferencias entre obras que pertenecen a diferentes modos de expresión.

En definitiva, la literatura universal, con su vocación humanista y su concepción del hecho literario como universo emocional y estético compartido, promoverá inevitablemente sugestivas relaciones estéticas en el ámbito de la literatura comparada. Comencemos por el origen.

1

Literaturas antiguas: apasionante viaje al origen

Orígenes de la literatura

Como no podía ser de otra manera, entendemos la literatura como manifestación artística humana, hecha con palabras, que puede difundirse tanto oralmente como por escrito. Probablemente, la literatura sea tan antigua como el ser humano, pero es evidente que de aquella proveniente de los rasgos orales de la Antigüedad no ha permanecido nada, a pesar de que es muy probable que constituyera los primeros textos de carácter literario. Estos inicios de la literatura universal pueden situarse en las literaturas asociadas a las primeras civilizaciones conocidas: las orientales. Concretamente, los comienzos de la literatura pueden situarse en las literaturas del Próximo, Medio o Lejano Oriente, es decir, de manera más o menos cronológica (con las enormes dificultades que entraña), la literatura sánscrita, mesopotámica, egipcia (que podemos considerar como islámica con la conquista de los árabes musulmanes a partir del s. viii), hebrea, china y árabe.

Características de las literaturas antiguas

Su carácter mítico, en el intento de explicación de los orígenes del mundo, junto a un ineludible halo religioso, ha convertido a las literaturas antiguas, en muchas ocasiones, en textos sagrados. El apego a la oralidad, su carácter fantástico y su inclinación a lo compilatorio son otros de los típicos rasgos de esta literatura fundacional, tan interesante como necesaria para comprender la historia de la literatura. Asistir a los orígenes de la literatura conforma una formidable explicación del devenir de los textos literarios, de manera que, a pesar de su condición remota, adquieren una dimensión fundamental para comprender su evolución, así como su actualidad misma.

La literatura sánscrita

La literatura sánscrita se origina en la actual India y parte de Pakistán asociada al sánscrito, la lengua indoeuropea más antigua entre las conocidas. En esta literatura se interferían la difusión escrita y la oral, de suerte que resulta complicado conocer el auténtico origen. En todo caso, gracias a su fijación escrita, sea como primera manera de transmisión, sea con posterioridad a modo de conservación para evitar su pérdida material, podemos conocer hoy su contenido. Podríamos

Portada de *Los vedas*

hablar de dos grandes períodos: el más antiguo, el védico, que recibe su nombre del conjunto de libros conocidos como *vedas*, es decir 'ciencias', 'sabiduría'; y el clásico, en el que nos encontramos con diversidad de géneros.

Los textos védicos tienen carácter litúrgico, lo que explica su permanencia, y constituyen los primeros textos sagrados de la religión hinduista. Se conocen como los cuatro vedas (*Rig veda*, *Yagur Veda*, *Sama Veda* y *Atharvaveda*). Los textos del *Rig Veda* son los más antiguos y forman un conjunto de himnos en verso en los que aparece ya un tratamiento poético de la naturaleza cuya influencia en otros libros de las literaturas antiguas es enorme; de hecho, en él se propone un origen caótico en el que no existirían ni la noche ni el día, ni la inmortalidad que después se recogerá en la Biblia, el 'libro de libritos' (literalmente) más influyente en la cultura occidental:

Entonces la No Existencia no era, ni la Existencia
tampoco; no era el cielo, ni tampoco el
Empíreo de más allá:
¿Qué cubría todo y dónde, o qué era
ese lugar de reposo? ¿Qué eran
las Aguas? El Abismo Insondable.
Entonces no era ni la muerte ni la vida,
ni ningún advenimiento de la noche o del día:
Ese Uno respiraba sin soplo por
poder intrínseco, ningún otro era, ni
nada más allá.

En el comienzo, la Obscuridad Inerte estaba
oculta por la Obscuridad Inerte. Este todo
era fluido, indeterminado:
El vacío estaba cubierto por el vacío:
Ese Uno nació por la omnipotencia
de la intensión.

En el comienzo, surgió en ello la Voluntad,
la semilla primordial del Intelecto,
eso fue lo primero:
Buscando el corazón por medio del pensamiento
los sabios cantores encontraron al pariente
de la Existencia en lo No Existente».

Los vedas
Coomaraswamy, Ananda K.

Interesante mitología del desorden y del caos como origen que influirá determinantemente en libros como el Génesis. Por otra parte, este conjunto de himnos presenta con frecuencia preguntas con sus correspondientes respuestas, de manera que parece proponerse un diálogo como método de extraer conocimiento, con mucha anticipación en el tiempo respecto a la mayéutica de Sócrates, excelso pensador de la Antigüedad griega que supone la inspiración fundamental del aprendizaje dialógico. De estos cuatro vedas, surgen los *Upanishads*, en los que el alma individual busca su liberación para unirse a la universal (Brahman). Se trata de unos textos míticos, tanto en verso como en prosa, de difícil datación por su carácter oral, que explican el origen del universo y del alma y que son considerados como los más antiguos del pensamiento de la India. Con el significado de 'sentarse cerca', parecen aludir a la figura del maestro que instruye a unos cuantos elegidos.

Tras el período védico, asistimos al clásico de la literatura sánscrita, caracterizada por la variedad genérica. Como textos narrativos en verso, las epopeyas tradicionales, nos encontramos con dos obras fundamentales: el *Mahabharata* y el *Ramayana*. El primero se considera la obra más extensa de la literatura universal con más de doscientos mil versos y algunas intercalaciones en prosa, repartidos en dieciocho cantos. Sin duda, constituye la gran historia del pueblo de la India de carácter legendario, cuyo asunto principal aborda la historia de dos grupos enfrentados provenientes de los descendientes de dos hermanos de una misma familia noble (los panduidas y los kuruidas) por hacerse con el poder de un reino del norte de la India, el Kurukshetra, actual estado de Haryana. Esta obra continúa con absoluta vigencia en la actualidad y de ella se pueden extraer enseñanzas para afrontar la vida; una sabiduría que ha venido manteniéndose de generación en generación. Tanto es así que son múltiples las adaptaciones televisivas, sin olvidar intentos teatrales y cinematográficos como los de Peter Brook en 1985 y 1989, respectivamente.

El *Ramayana* parece haber sido compuesto en una época similar a la anterior, aunque es bastante más breve. En unos cincuenta mil versos distribuidos en veinticuatro mil estrofas, esta epopeya narra la historia de Rama, que pretende liberar a su mujer (Sita) del rey de los demonios en la isla de Ranka. El rapto de su esposa se produce cuando Rama iba a suceder a su padre, el rey Dasaratha, y consigue liberarla aliándose con un ejército de monos. La obra se atribuye a Valmiki, quien lo escribió, al decir de la leyenda, por orden del dios Brama, y destaca el tratamiento sublime de la naturaleza, tan colosal y atractiva como peligrosa. Se considera el libro más popular de la India, conocido por niños y mayores, y sigue representándose en la actualidad mediante una peculiar danza.

Sin duda, la celebérrima épica india merece conocerse y, además de su vigencia y permanente actualidad, constituye una base inestimable del teatro de la India y de gran parte de Asia, sin olvidar sus repercusiones en la literatura universal, como en la recopilación que el dramaturgo español Alejandro Casona realizó de las leyendas indias contenidas en estas dos epopeyas, junto a otras procedentes de diferentes culturas, en *Flor de leyendas*. Entre ellas, se encuentra «El anillo de Sakuntala», basada en una de las obras de teatro más famosas de la literatura antigua india y escrita por Kalidasa: *El reconocimiento de Sakuntala*, cuya historia, versionada por su autor aparece en el primer libro del *Mahabharata* y causó auténtica admiración en Goethe, en otros románticos alemanes o en el músico austriaco Franz Schubert. Esta bella historia de amor se verá acompañada en celebridad por otra obra teatral de la antigüedad hindú, aunque bastante posterior: *Malatimadhava*, conocida como «el drama indio de Romeo y Julieta, con un desenlace feliz», puesto que los contrariados amores de la pareja terminan por superar los obstáculos. Fue escrita por Bhavabhuti, seudónimo de un autor considerado casi a la altura de Kalidasa. Una finísima historia de amor protagonizada por Malati y Madhava que tiene la virtud, además, de presentar una riquísima introducción por parte del autor en la que deja reflexiones acerca de su concepción del género dramático. En todo caso, este teatro de la antigua India debe recordarnos el origen de un género que nació mil quinientos años antes del nacimiento de Esquilo; eso sí, se trata de un teatro en el que la tragedia no tiene cabida y los finales son felices en un entorno generalmente idealizado.

Kalidasa no solo es conocido por sus obras teatrales, sino por su cultivo de la poesía lírica. En este terreno, podemos considerar como su obra maestra *Ritusamhara*, *La ronda de las estaciones*, también conocida como *El curso de las estaciones*.

Se trata de unas ciento cincuenta estrofas agrupadas en seis cantos, desde una perspectiva femenina, en las que se aborda la evolución de una bella historia de amor vivida a través de las seis estaciones en las que se divide el año estacional en la India dada su situación de corazón de Asia: primavera (वसंत = vasant), del 22 de marzo al 21 de mayo; 'los calores' (गरीषम = grishm), del 22 de mayo al 22 de julio; 'las lluvias'(वरषा = varṣhâ) del 23 de julio al 22 de septiembre; otoño (शरद = sharad),

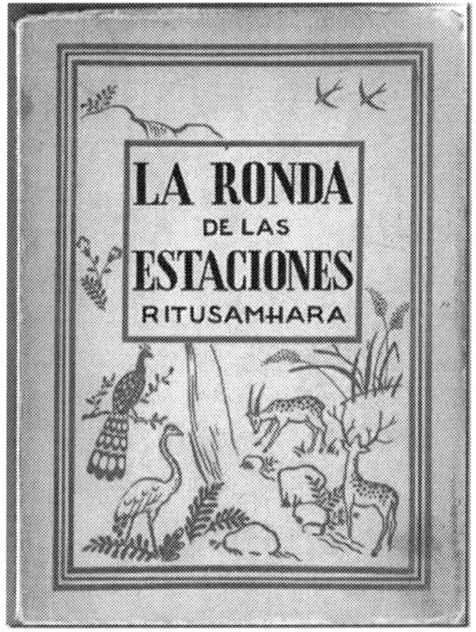

Portada de *La ronda de las estaciones* de Ritusamhara

del 23 de septiembre al 21 de noviembre; invierno (हेमंत = hemant), del 22 de noviembre al 20 de enero, y 'el rocío' (शिशिर = shishir) del 21 de enero al 21 de marzo. El poema supone una exaltación del amor y la naturaleza:

> Allí verás a mi esposa joven y bella, de mirada triste y pechos prominentes. La dio al mundo Brahma como modelo de las otras.
>
> La verás como flor abandonada, sola y triste porque su esposo no está con ella. Sus ojos rebosan lágrimas, y su rostro, escondido entre cabellos despeinados, será como la luna cuando la oscureces con tu masa negruzca.

> Entonces, nube, transmítele mi mensaje,
> la hallarás en su lecho tendida, llorando, enflaquecida como luna menguante,
> suspirando y buscando sueño, imaginando que recibe mis besos.
> Al verla derramarás gotas de lágrimas y verás entonces cómo tu presencia abre sus ojos a flores de loto semejantes.
> Si duerme, nube, acércate a ella y respeta su sueño, no interrumpas su ilusión, en la que tal vez cree apoyar su cabeza entre mis brazos.
> Pero, en cuanto despierte con la brisa dulce de las gotas de agua, déjala oír los susurros que tus palabras serán, y dile:
> «Tu esposo no ha muerto: vive en una ermita y piensa en ti todo el tiempo».

También nos encontramos ante una literatura de compilación de fábulas y cuentos. En este aspecto, resulta esencial referirse al *Panchatantra*, la colección de fábulas y apólogos más antigua de la literatura sánscrita. Tal y como suele ocurrir con este tipo de textos antiguos, resulta muy difícil su datación, así como la fijación misma del texto original o su autoría (se ha atribuido tanto a Vishnusarman, sabio que narra las historias como a Pilpay). No hay duda, sin embargo, de que se trata de una obra ético-moral que pretende ejemplarizar (al proponer un modelo que seguir o que rechazar) una determinada manera de conducta, de comportamiento. *Pancha* significa 'cinco' y *tantra*, 'serie', 'hilo'; por lo tanto, se trata de una obra dividida en cinco libros con el objetivo de instruir a la juventud. De hecho, el libro se abre con la petición expresa de un rey al sabio Vishnusarman para que pueda instruir a sus tres hijos, que no prestan el mínimo interés ni a la lectura ni a los libros, para la desesperación de su padre, quien llega a sostener que «preferible es no tener hijos, o tenerlos y que se mueran, a que vivan siendo estúpidos; aquellos te proporcionan una pena de corta duración; los últimos te atormentan toda la vida», como recoge la edición de José Alemany Bolufer de 1949.

Presenta coincidencias con las fábulas de Esopo, lo que demuestra cierta universalidad en la actitud ejemplarizante, y desconocemos la versión primitiva. El conocimiento de lo obra se lo debemos sobre todo a la versión árabe, muy posterior (siglo viii) titulada *Libro de Calila e Dymna*, cuya traducción por parte de la escuela de Alfonso X (siglo xiii) lo convirtió en un libro esencial en el medievo europeo. Sin embargo, las diferencias entre la versión árabe y el original sánscrito parecen grandes, ya que aquella está compuesta por veinte capítulos y solo cinco corresponden al *Panchatantra*, con diferencias respecto a la versión original debido a que no se incorporan todas las fábulas que conforman los cinco libros y a que falta alguna historia marco (en el original, una historia marco abre cada uno de los libros). Estos cinco libros llevan por título: *La desunión de amigos*, *La adquisición de amigos*, *El buhocorvino*, *La pérdida de lo adquirido* y *La conducta impremeditada*. Las historias que podemos considerar centrales son: «El león y el toro», «La paloma y los animales amigos suyos», «Los búhos y los cuervos», «El mono y la tortuga» y «El asceta y la mujerzuela», historias representativas de cada libro. Estamos ante una obra tan conocida y difundida casi como la Biblia o el Corán, de impronta universal y de incidencia trascendental en la literatura de índole didáctico-moral.

Para terminar, merece la pena destacar otro tipo de obras en prosa de la literatura antigua de la

India, como por ejemplo el famosísimo *Kamasutra* o las biografías acerca de Buda que nos han llegado a través de las traducciones castellanas de sus versiones árabes. Piénsese en *Barlaam y Josafat*, una visión a lo cristiano de la biografía de Buda, de origen oriental, en la que se cuenta el proceso de cristianización del príncipe Josafat por parte de su maestro, el ermitaño Barlaam; su influencia en el Occidente medieval fue más que considerable.

Pero si hay una obra proveniente de la literatura antigua de la India que resulte conocida es el *Kamasutra* de Mallanaga Vatsyayana, considerado parte de los libros religiosos de la India, pues se asumen las relaciones eróticas como umbral trascendente para acceder a una dimensión religiosa. Por otra parte, los *sutra* se consideran textos sagrados constituidos por aforismos en prosa. El título expresa de manera más o menos literal el contenido de la obra: 'tratado sobre el amor', 'gramática del erotismo', 'versión abreviada de la didáctica del deseo' o 'aforismos sobre el placer erótico'. El sabio Vatsyayana opinaba que la juventud era el tiempo del placer, y la madurez, el de la contemplación. Precisamente en su madurez contemplativa redacta toda la sabiduría adquirida durante el placer de la juventud. Con carácter expositivo y científico, la obra trata de instruir a hombres y mujeres frente al deseo en todas las esferas posibles. Así, además de educar a la pareja en distintos tipos de posturas sexuales para obtener goce (acompañando las descripciones de elocuentes ilustraciones al respecto), se dan consejos de relación entre los sexos y de cuidados personales (se tratan los distintos tipo de amor, de abrazos, mordiscos, besos, arañazos; del cómo relacionarse los unos con los otros, de la prostitución, del comportamiento de la esposa única y de la que forma parte de un harem, de cómo conseguir un alargamiento de pene, etc.). Por ejemplo, se le instruye al hombre en la siguiente dirección:

> El hombre elegante se levante a buena hora y procure cumplir con sus obligaciones: se cepille los dientes, se dé una dosis moderada de ungüento, de incienso y se ponga una guirnalda; se pase la cera de abejas y el lápiz por los labios, se mire en el espejo y tome betel para perfumar la boca; luego inicie sus ocupaciones.
>
> Báñese todos los días; cada dos, friegas; cada tres, se pase la concha de jibia en las piernas, desde las rodillas para abajo; cada cuatro, se afeite; cada cinco o diez, según el método, se depile las partes íntimas, sin excepciones; y, a diario, se quite el sudor de las axilas tapadas.
>
> *Kamasutra*
> Vatsyayana

Se trata del libro más conocido por Occidente de la literatura de la India. Un tratado sobre el placer que pretende la felicidad amorosa desde una perspectiva científica y educativa que, a pesar de sus siglos de historia, sigue interesando y resultando sugestivo al lector de hoy, aunque se encuentre inmerso en una sociedad sobreexcitada expuesta al sexo explícito.

En definitiva, la literatura sánscrita presenta un riquísimo abanico cultural y literario cuya influencia en la literatura universal resulta ineludible, a pesar de que se trata de una literatura que no traspasa sus propias fronteras hasta el siglo XVIII y de que su filosofía incide en Occidente durante el período medieval. Piénsese, a modo de muestra, en la influencia directa que presenta la literatura de la India en el premio nobel Octavio Paz, sin duda el autor hispanoamericano que presenta una mayor impronta de esta literatura.

Octavio Paz residió durante seis años en la India; su estadía dejó impronta en *Conjunciones y disyunciones*, conjunto de poesías, la obra ensayística *Una tierra, cuatro o cinco mundos*, la singular poesía en prosa de *El mono gramático,* la reflexión crítica y original sobre la India, sus monumentos, creencias, usos y costumbres en *Vislumbres de la India* y, por último, la colección de poemas que se agrupan en *Ladera este*.

Literatura mesopotámica

En las literaturas antiguas, junto a la escrita en sánscrito, presenta gran importancia —como precedente de la literatura universal— la literatura mesopotámica, nacida de antiguas civilizaciones (sumerios, babilonios, asirios, hititas, acadios, etc.) surgidas entre ríos, concretamente, entre el Tigris y el Éufrates, (sumerios, babilonios, asirios, hititas, acadios, etc.) y coincidente con los territorios actuales de Irak, Kuwait, Irán y parte de Siria. La épica, quizá, sea el género más destacado de esta literatura; un género que se basó en dos grandes ciclos: de Enmerkar y de Gilgamesh, célebres héroes de la ciudad de Uruk.

El *Poema de Gilgamesh*

Sin duda, el *Poema de Gilgamesh* es el más célebre, pues se le considera como el poema épico más antiguo de la literatura universal. A pesar de tener más de cuatro mil años de historia, la presentación de los grandes temas del ser humano resulta de actualidad: amistad, amor, muerte e infructuosos anhelos de inmortalidad. Se trata de una obra con una enorme influencia tanto en la Biblia como en los poemas homéricos y que propone la búsqueda de un héroe que ha de asumir la muerte de su mejor amigo (Enkidu), así como el descubrimiento y posterior pérdida de la eterna juventud —léase de la inmortalidad—. Uno de los episodios más conocidos es el del diluvio, que influyó directamente en el libro bíblico del Génesis. Este pasaje es elocuente en cuanto a su incidencia en el episodio bíblico del arca de Noé:

> Utnapishtim habló a Gilgamesh, diciendo: «Te revelaré, Gilgamesh, una cosa oculta, y un secreto de los dioses te diré:
>
> Suruppak, ciudad que tú conoces y que en las riberas del Éufrates está situada, esa ciudad era muy antigua, y había dioses en ella. Los corazones de los grandes dioses los impulsaron a suscitar el diluvio. Él padre de todos, Anu, ordenó el juramento [de no revelar lo que allí se hablara], el valiente Enlil era su consejero, Ninurta, su asistente, Ennuge, su irrigador. Ea (el sabio príncipe) también estaba con ellos bajo el juramento [de silencio], así que repitió su parlamento a la choza de cañas: «¡Choza de cañas, choza de cañas! ¡Pared, pared! ¡Oh, Hombre de Suruppak, hijo de Ubar-Tutu! ¡Demuele (esta) casa y construye una nave! Renuncia a tus riquezas y busca la vida. ¡Desdeña tus pertenencias y salva a los seres vivos! Haz que todos los seres vivos suban al barco. El barco que has de construir ha de tener las mismas dimensiones: su longitud debe corresponder con su anchura. Constrúyele un tejado como el Apsu».
>
> *Poema de Gilgamesh*
> Basado en la versión de Federico Lara Peinado

Tablilla XI del *Poema de Gilgamesh* expuesta en el British Museum (Londres)

El anónimo autor del *Poema de Gilgamesh*, cuya obra nos ha llegado incompleta y que se encuentra escrita en columnas en escritura cuneiforme sobre unas tablas de arcilla, tiene el enorme acierto de plantear el gran dilema de Mesopotamia entre el avance de la civilización urbana y la esencia de lo profundamente rural; Gilgamesh, rey de la metrópoli Uruk en Sumeria, como representante de la primera, y Enkidu, de la segunda, como manifestación de la barbarie. Este

Imagen de *El libro de los muertos*

enfrentamiento entre civilización y barbarie recorrerá la literatura universal, convertido también en la pugna entre dos polos de la propia naturaleza humana, pero será especialmente importante en el caso de la literatura hispanoamericana (recuérdese la fundacional obra *Civilización o barbarie* de Domingo Faustino Sarmiento, que supondrá, por extensión, una concepción dicotómica de una literaturización del dilema).

El libro de los muertos es el libro más popular de literatura antigua egipcia y se encuentra directamente relacionado con otros textos egipcios de la Antigüedad, como los *Textos de las pirámides* o los *Textos de los sarcófagos*. Este famoso libro lo conforman casi doscientos sortilegios y sentencias que podrían traducirse como 'la salida al día' o 'libro para salir a luz del día', ya que constituyen un conjunto de orientaciones para sortear los obstáculos que surgen desde el momento de la muerte hasta que se alcanza el más allá. Es, pues, una obra que da buena cuenta de la concepción vital y religiosa de los egipcios, que no piensan que con la muerte se acabe nuestro viaje, sino que esta supone un revulsivo, un auténtico renacimiento humano. Presenta contenidos variados, pero consigue coherencia mediante la diacronía de sortear las diferentes etapas que se presentan una vez que alguien ha muerto. Desde las plegarias de los familiares durante la sepultura hasta el viaje del alma en barca para llegar a Osiris, quien se ocupará de presidir el juicio en el que se determina si merece la vida eterna según el peso de su corazón, pasando por fórmulas de exorcismo para abandonar la momia y por detalladas descripciones de la vida de ultratumba. De esta manera, el libro nos deja fiel reflejo de las creencias egipcias, según las cuales la muerte era en realidad el segundo nacimiento del hombre:

> La Eternidad es inmutable y una, y el movimiento perpetuo de las galaxias garantiza su materialidad. Todo lo que contiene la eternidad, todo cuanto ha sido, cuanto es y cuanto llegará a ser, lo es por vibración, y todo es doble en todo. La muerte no es más que un estado de crisis, durante el cual aquel «que lleva un nombre» no está ni muerto ni vivo, durante el cual lo que ya era eterno en él antes de ser concebido, su Ka, deja el cuerpo aparente de la carne «justamente antes, escribe Mayassis, de que el ritual de las exequias haya consagrado la resurrección en el más allá», justamente antes «de arrojar su putrefacción», justamente antes de que los ritos

> de la apertura de la boca y de los ojos permitan al difunto volver a encontrar el hálito y la vida en el Nun primordial, en el que se elaboran y se equilibran los perpetuos movimientos de nacimiento y de muerte.
>
> *El libro egipcio de los muertos*
> Versión y notas de Albert Champdor

Por otra parte, es un libro que influirá de manera determinante en la Biblia, por ejemplo, en los diez mandamientos que recogerá Moisés en sus tablas. Repárese en este fragmento del libro egipcio:

> [...] el muerto debía justificarse de:
>
> No haber cometido pecado contra los hombres, de no haber hecho nunca nada que pudiese disgustar a los dioses, de haber respetado las jerarquías, de no haber matado ni ordenado matar, así como de no haber causado sufrimiento a nadie, ni haber dado pruebas de avaricia midiendo a escondidas la comida y el incienso que es conveniente depositar en los templos, ni haber hurtado los alimentos o las jarras de bebida de los muertos, ni haber fornicado en los lugares puros, ni reducido el codo para robar la tierra del vecino, ni falseado las medidas, ni entorpecido los pesos de la balanza, ni robado los pájaros de los dioses o los peces de los lagos sagrados, ni causado daño a los rebaños del Amón tebano, ni contado mal los lingotes de plata que debían dedicarse al tesoro de los santuarios.

Desde la tradición de las paredes y los sarcófagos hasta los rollos de papiro que acompañaban al fallecido para ilustrarle, con los consejos necesarios, para acceder al más allá; toda una teoría sobre la trascendencia del ser humano, sobre los límites de la carne, que cohabitan con su propia necesidad de rebasarlos.

La Biblia

Pero es momento ya de abordar el gran libro de las literaturas antiguas en Occidente: la Biblia, el libro más leído de la historia, al menos en cuanto a número de impresiones y de traducciones, con bastante ventaja respecto al segundo: *El Quijote*. De hecho, la cultura occidental, y con ella la literatura, surge de tres fuentes principales: la Biblia, la literatura griega y la romana. Con el significado de 'conjunto de libritos', su naturaleza religiosa ha venido pugnando con su interpretación literaria.

Además de ser un texto para tres religiones (judaísmo, protestantismo y cristianismo), puede interpretarse como una obra compuesta por hombres dentro de la enorme riqueza de las literaturas antiguas. En todo caso, en este volumen nos corresponde tratarla como texto literario, fundido y confundido con el carácter mítico de estas literaturas y con su naturaleza narrativa. No en vano, este conjunto de libritos encuentra su fijación escrita tiempo después de que se transmita a través de la oralidad. Parece evidente que la historia de la humanidad no sería la que es sin la inevitable repercusión de este conjunto de libritos que presenta dos partes fundamentales: el llamado Antiguo Testamento y el Nuevo Testamento. Esta denominación pertenece a la cultura cristiana, ya que para los judíos solo existe la Biblia hebrea, es decir, el Antiguo Testamento; mientras que los cristianos asumieron estos textos como parte de su historia religiosa, pero añadieron después, escrito en griego, un conjunto de textos que dan cuenta de la vida de Jesús de Nazareth. Cada una de estas dos partes, pues, es un conjunto de libritos compuestos por capítulos que, a su vez, se componen de versículos. De ahí que cuando pretendemos referirnos a algún pasaje literal, mencionemos primero el nombre del libro y después el número de capítulo y el del versículo o versículos.

Mayoritariamente, este conjunto de libros está escrito en hebreo, aunque hay pasajes en caldeo y en arameo. Sin embargo, el Nuevo Testamento se encuentra escrito, de manera originaria, en griego, y nos ocuparemos de él más adelante. La Biblia hebrea abarca desde el origen de todo hasta el nacimiento de Jesús, considerado como el mesías. Estos libros pueden clasificarse según diferentes criterios; desde el punto de vista del contenido, nos encontramos con cuatro tipos (históricos, poéticos, proféticos y sapienciales), pero desde la óptica que nos ocupa en este volumen, la literaria, podríamos clasificarlos en textos de tipo narrativo y de tipo lírico. Los primeros constituyen la Torah judía (Enseñanzas de Dios, la Ley) y el Pentateuco cristiano ('las cinco cajas' en las que se guardaban los rollos): Génesis, Éxodo, Levítico, Números y Deuteronomio.

El Antiguo Testamento constituye una auténtica joya literaria para disfrute de todos los lectores, al margen de sus creencias religiosas, y conjuga textos en prosa con textos en verso. El Génesis se ocupa de la creación y del paraíso terrenal y conforma la prehistoria del pueblo de Israel, que no aparecerá, en puridad, hasta el siguiente libro, el Éxodo. De esta manera, el Génesis es tanto el origen de la humanidad desde el principio de los tiempos como un prólogo para la historia judía. Los creacionistas mantienen la veracidad del origen planteado aquí, mientras que, para la gran mayoría de los cristianos, hay que interpretarlo de manera simbólica. Ciertas contradicciones entre el primer y el segundo capítulo (en el primero, se habla de la creación de los

Ilustraciones de Lilith, leyenda especialmente atractiva para los artistas del llamado «fin de siglo»

animales y, posteriormente, del hombre y de la mujer sin ninguna alusión a prioridades; sin embargo, en el segundo, se refiere expresamente a la creación de Adán y después la de los animales y la de la mujer, surgida de la costilla del varón) han alimentado la leyenda de Lilith (la primera mujer, frente a la segunda, Eva) y, en círculos académicos, la idea de que estas contradicciones se explican por sus diferentes fuentes documentales y posibles épocas distintas de composición.

Tal y como corresponde entre las literaturas antiguas, hay paralelismos entre ciertos pasajes de este primer libro y otras literaturas, no solo en el caso del diluvio, sino también en el origen del ser humano. Así, entre la creación de la mujer del Génesis, al menos de Eva, salida de la costilla de Adán, y el relato del Enuma Elish mesopotámico, conocido como «poema de la creación», hay más que coincidencias, puesto que en este último la diosa, para crear a Nin-ti, tomó un hueso de Enki. También en este primer libro se incluye el mito de la Torre de Babel para explicar el origen de las lenguas desde una perspectiva del mito.

Por otra parte, el litigio del orden contra el caos se convierte en un gran tema mítico para estas literaturas que, de una manera u otra, lo incorporan en la explicación de los orígenes. El siguiente libro, también atribuido a Moisés por la tradición judeocristiana, como ocurre en todos los libros que forman parte de la Torah o Pentateuco, narra la esclavitud del pueblo hebreo en el Antiguo Egipto y la posterior liberación por parte de Moisés para conducirlos a la tierra prometida. Sin embargo, la autoría exclusiva de Moisés no parece posible, puesto que nadie podría narrar su propia muerte; la opinión más extendida es que no habría un único autor y que los cinco libros presentarían contextos y épocas de escritura diferentes. En todo caso, el Éxodo o salida no es un libro exclusivamente narrativo, ya que incluye himnos, oraciones y leyes. Entre las últimas, los célebres diez mandamientos que le entregó Yahweh a Moisés en las tablas que le dio en el Monte Sinaí, así como su vehemente rompimiento por parte de Moisés ante un pueblo idólatra y su posterior reconciliación y pacto mediante el decálogo de comportamiento; también estos aparecerán en el Deuteronomio. Levítico es un libro que pretende mantener la pureza del pueblo elegido y lo instruye en los sacrificios que debe hacer, en las normas del sacerdocio, en las celebraciones del año religioso, en cómo ser santo, como Yahweh, etc. Es de reseñar la obsesión de la dicotomía entre pureza e impureza, en la que se insiste sobremanera. El propio Yahweh considera la menstruación o la efusión seminal como impuras (lo que conlleva todo un procedimiento de purificación) y clasifica los animales en puros e impuros, es decir, en comestibles y no comestibles. De aquí parten consideraciones como la de que el cerdo es un animal impuro, aunque también es así considerado el conejo o el camello, así como muchísimas aves o los peces sin escamas y aletas; ni siquiera pueden tocarse sus cadáveres, pues contagiarían su impureza. Sin embargo, se pueden comer insectos como las langostas, los grillos o los saltamontes.

Ello explica que los judíos, y después los musulmanes (que incluyen la impureza del cerdo en el Corán) rechacen comer este animal; los cristianos, sin embargo, no observan esta prohibición, puesto que en el Nuevo Testamento, en el Libro de Hechos de los Apóstoles, atribuido a San Lucas, se acaba con ella en voz de Cristo dirigida a Pedro: «"De ninguna manera, Señor; pues jamás entró en mi boca nada profano ni impuro". Me dijo por segunda vez la voz venida del cielo: "Lo que Dios ha purificado no lo llames tú profano"» (Hch. 11, 4-9). Es probable que esta prohibición expresa del cerdo tenga relación con prevenciones en el ámbito de la salud (se trata de un animal omnívoro que podría resultar peligroso si se cocinaba mal), de la sociedad (escasez o abundancia de determinados animales) o de ambas.

También es un libro narrativo, cuyo hilo se interrumpe constantemente con textos jurídicos. El siguiente (Números), que trata de la peregrinación de Israel a través del desierto y que recibe su denominación del protagonismo representado por los números (sobre todo en los cuatro primeros capítulos; en catálogos y censos). A modo de testamento, Moisés da una segunda ley (literalmente *Deuteros nomos*), que resulta posterior a la del Sinaí, la primera. Este es el contenido del último libro de la Torah, del Pentateuco. En el libro se insiste en la necesidad de unidad de las doce tribus de Israel y en el mantenimiento de la alianza con Yahweh. A estos cinco libros se le añaden otros de tipo histórico (el de Josué, el de los Jueces, el de Rut, etc.), de sabiduría (de Job, de los Salmos, Eclesiastés o meditaciones de Salomón), proféticos (de Isaías, de Jeremías, de las Lamentaciones, de Ezequiel, etc.), sapienciales (Job, Proverbios, Eclesiastés) o poéticos (Job, Salmos y Cantar de los cantares). Estos últimos son especialmente relevantes para un volumen como el que nos ocupa, aunque hay algunos sapienciales, como el de Job, que presentan un profundo tono lírico. El protagonista del libro representa la paciencia y la resignación cristiana, ya que parte de una situación sumamente ventajosa que Yahweh le va arrebatando hasta conducirlo a la desgracia. Sin embargo, Job no maldice a quien llena su vida de calamidades; la fidelidad de Job obtiene su recompensa: Yahweh le restituye y le duplica sus bienes. La forma dialogada que ocupa casi todo el libro promueve cierto carácter literario, que se ve potenciado por el tono de canto, de himno, que alcanza la expresión. Este espíritu de diálogo en un sentido vocativo se mantiene en los Salmos, grupo de cinco colecciones de cantos que empleaba el antiguo pueblo de Israel para adorar a Yahweh. Este tipo de himnos, cantos y poemas de adoración eran frecuentísimos en las literaturas antiguas (estos textos eran frecuentes en las literaturas sumeria, asiria y babilónica) y sus interferencias son múltiples, como puede comprobarse, al tiempo que su lirismo, en un texto como el siguiente:

La hierba haces brotar para el ganado,
Y las plantas para el uso del hombre,
Para que el pan extraiga de la tierra
15 Y el vino que recrea
El corazón del hombre;
Para que de aceite brille el rostro
Y el corazón del hombre el pan conforte.

Sal. 104: 14-15

El Cantar de los Cantares

Pero, sin lugar a duda, si hay un libro que se considera poético es El Cantar de los Cantares, atribuido a Salomón. En la lengua hebrea, se utiliza como manera de expresar una cualidad en grado máximo, es decir, nos encontramos ante el cantar por excelencia. Se trata de un poema de 177 versículos que constituye una inspiración directa para poemas místicos españoles de primer orden como los de san Juan de la Cruz, Juan de Yepes. Las interpretaciones acerca de este delicioso librito son múltiples: desde una dramatización hasta una exaltación del amor conyugal, pasando por la consideración de una obrita erótica. Aunque no es de extrañar que en otras religiones se fundan y se confundan la religiosidad y el erotismo, en el catolicismo se han hecho muchos esfuerzos por separarlo, pero en la antigüedad era habitual que viniesen a coincidir. En todo caso, no parece extraño que presente cierto carácter alegórico. Así, el esposo sería Dios y la esposa, el alma. Su identificación con el Cántico espiritual *es evidente:*

¡Una voz!... ¡Es mi amado!
He aquí que ya llega
saltando por los montes,
brincando por los collados.

Cant. 2: 8

Mi amado es mío y yo soy suya.
Él apacienta su rebaño entre los lirios.
Mientras sopla la brisa del día
y las sombras se desvanecen,
vuelve, amado mío;
sé como la gacela
o el joven cervatillo
en los montes perfumados.

Cant. 2: 16-17

En mi lecho, por la noche, busqué
al amado de mi corazón;
lo busqué, pero no lo encontré.
Me levantaré, recorreré la ciudad,
por las calles y las plazas
al amado de mi corazón...
Lo busqué, pero no lo encontré.
Me encontraron los centinelas,
Los que hacen la ronda por la ciudad:
¿Habéis visto al amado de mi corazón?
Apenas los había pasado
cuando encontré al amado de mi corazón.
Lo abracé y no lo he de soltar
hasta que no lo haya introducido
en la casa de mi madre,
en la alcoba de la que me engendró.

Cant. 3: 1-4

Resulta de todo el interés, además, la comparación de estas expresiones líricas y las de la poesía primitiva de tipo popular puestas en boca de una mujer en un entorno natural erotizado. Y todo ello, no debemos olvidarlo, sin más mención expresa a Yahweh que una referencia en el capítulo ochenta:

Ponme como sello sobre tu corazón,
como sello sobre tu brazo;
porque es fuerte el amor
como la muerte,
tenaz, como el sol, la celosía.
Flechas de fuego son sus flechas,
sus llamas, llamas de Yahweh.
Cant. 8: 6

A su vez, en este permanente diálogo entre textos que es la literatura, a finales del siglo XIX se descubrió el que pasa por ser el poema de amor más antiguo en boca de una mujer sumeria. Se trata de una joya incorporada a una tabla de arcilla que puede contemplarse en el Museo Arqueológico de Estambul. Es más que probable que el autor de El Cantar de los Cantares se viera influido por este estilo literario de un poema que recrea la unión sexual, al empezar el año, entre la sacerdotisa de Inanna y Shu-Shin, rey de Ur, para bendecir y hacer próspero el año. Se conoce como «el poema de Shu-Shin»; he aquí un fragmento:

Esposo, amado de mi corazón,
grande es tu hermosura, dulce como la miel.
León, amado de mi corazón,
grande es tu hermosura, dulce como la miel.
Me has cautivado, déjame presentarme temblorosa ante ti.

En ambos, mediante la voz femenina, se poetiza sobre el deseo a través del erotismo de los elementos de la naturaleza. También presenta dificultades de interpretación, ya que puede asumirse tanto desde la exaltación del erotismo carnal como de la trascendencia religiosa como metáfora de la alianza. Una vez más, queda de manifiesto la riqueza del magma compartido en las literaturas antiguas, influidas e influyentes.

El Nuevo Testamento

Hasta aquí la biblia judía canónica; los cristianos añaden a este otro conjunto de libritos: el Nuevo Testamento, escrito mayoritariamente en griego. Entre ellos, sobresalen los textos de los cuatro evangelistas (Mateo, Marcos, Lucas y Juan), ya que se ocupan de la importancia de la figura de Jesús de Nazareth mediante la exposición y enseñanza de su trayectoria vital (*evangelio*, en griego, significa 'buena nueva', de *eu* y ángel), y el Apocalipsis, escrito por san Juan en su destierro en la isla de Patmos, conocido también como Revelación de san Juan. Salvo este último, se trata de un conjunto de libritos en los que predomina lo doctrinal en detrimento de lo literario. Al tratarse del libro más simbólico de la Biblia y, por lo tanto, susceptible de múltiples interpretaciones, es considerado como el más polémico. Sin duda, el número siete presenta una importancia vital en este libro (el 666 asociado al demonio solo aparece en una ocasión), por lo que el setenario se convierte en estructura fundamental (siete trompetas, siete sellos, siete plagas), y puede relacionarse con la simbología de la perfección desde la perspectiva judía. En todo caso, es un error pensar que todo lo que se propone es nefasto, puesto que lo que tiene cabida, en realidad, son una serie de cambios radicales y no todos negativos necesariamente: «Los habitantes de la tierra se alegrarán de esto y harán fiesta de tal modo que se intercambiarán regalos, porque estos dos profetas eran su tormento» (Ap. 11: 10).

Uno de los pasajes más famosos es el de los cuatro jinetes del Apocalipsis, relacionados de manera directa con los siete sellos. Estos últimos forman parte de una inquietante visión que supone la imagen de un libro con siete sellos que hay que ir rompiendo con inesperadas consecuencias. De la apertura de los cuatro primeros surgirán estos famosos jinetes, sobre un caballo blanco (el de la victoria), rojo (el de la guerra), negro (el de la peste y la hambruna) y pajizo (el de la muerte). Tras dos sellos más (que liberan las almas de los mártires y desencadenan un violento terremoto, respectivamente), llega el último: el séptimo sello, con el que se hace un estremecedor silencio para que, tiempo después, aparezcan siete ángeles con siete trompetas en medio de truenos, relámpagos, voces y terremotos. El séptimo sello del apocalipsis resulta inseparable de la célebre película de Ingmar Bergman de 1957, en la que el silencio se convierte en la metáfora por excelencia del final de la existencia humana: la desaparición, la muerte (en esa trágica partida al ajedrez en la sublimidad de la playa), en magistral coincidencia con las dimensiones escatológicas de este libro del Nuevo Testamento plagado de onirismo y alucinaciones que firmarían los autores surrealistas. Seguramente, es difícil entender un libro como el de san Juan sin un contexto difícil de persecución de los cristianos. Sea como fuere, deja un testimonio estremecedor y sumamente literario, lleno de imágenes que colmarán la literatura universal y la idea del juicio final, tras la séptima trompeta del séptimo ángel:

> Nosotros te damos gracias, Señor, Dios omnipotente, el que es, el que era, porque has tomado posesión de tu gran poder y has entrado en tu reino. Los pueblos se habían encolerizado, pero ha llegado tu ira y el momento de juzgar a los muertos, y de dar la recompensa a tus servidores y profetas [...] y de exterminar a los que destruían la tierra. Entonces se abrió el templo de Dios, el que está en el cielo, y se vio en su templo el arco de su alianza, y se produjeron rayos, voces, truenos, terremotos y fuerte granizada.
>
> Ap. 11: 17-19

La Biblia en la cultura Occidental

Para terminar este sucinto recorrido por la Biblia, conviene abordar dos últimos aspectos: las traducciones y la repercusión de esta obra en la cultura occidental. En cuanto al primer apartado, hay que decir que las versiones que se manejan desde la perspectiva del catolicismo provienen de la Biblia Vulgata, una traducción-interpretación realizada por san Jerónimo al latín desde el original: la Veritas Hebraica, que queda corroborada en el Concilio de Trento como defensa ante los intentos reformistas (espíritu contrarreformista) y que se cubre de una determinada perspectiva que no resulta fiel al original. Este extremo nos hace comprender el hecho de que traducir los textos sagrados supusiera cárcel (el instinto filológico de fray Luis le llevó a las fuentes y, con ello, a la Veritas Hebraica). Por esta misma razón, el catolicismo promueve las biblias comentadas y las explicaciones del sacerdote, mientras que el protestantismo potencia una interpretación individual, ya que elige precisamente las biblias sin comentar, lo que supone que los textos bíblicos estén más presentes (incluso en los alojamientos hoteleros) y resulten más conocidos en el mundo protestante que en el católico.

En cuanto a la influencia en la cultura occidental, es evidente que, a pesar de explicarse desde su naturaleza oriental, resulta determinante en todos los órdenes y en todas las artes. Las palabras de Sergio Pitol, recogidas en una entrevista que dio a un periódico en abril de 1995, resultan absolutamente elocuentes en este sentido: «Literariamente, la Biblia es la madre de todos los libros. El lenguaje bíblico es como la sedimentación de grandes literaturas»; y ella marca el nacimiento de la cultura occidental, tal y como reconoce también, de manera inevitable, Harold Bloom, que tanto se ha acercado a la literatura universal y al canon: «Necesitamos una aprehensión estética de la Biblia, ya sea la hebrea, el Nuevo Testamento… Es gran literatura. […] Lo que caracteriza a Occidente es esa incómoda sensación de que su saber va por un lado y su vida espiritual por otro. No podemos dejar de pensar que somos griegos y, no obstante, nuestra moralidad y religión —exterior e interior— encuentran su origen último en la Biblia hebrea». Y se ha demostrado en todos los lenguajes artísticos, como en el arte: las iglesias y catedrales, las catacumbas, *el Moisés*, *la Pietá* o los frescos de la Capilla Sixtina de Miguel Ángel, *el sacrificio de Isaac* de Berruguete, *el David* de Donatello, las innumerables escenas de la vida y de la muerte de Jesús; en música, desde la influyente canción de Aleluya de Leonard Cohen, basada en fragmentos del Antiguo Testamento, hasta musicales, el canto gregoriano o composiciones de música clásica (como los motetes de Bach o *El Mesías* de Häendel, *Lamentaciones de Jeremías* de

Cartel de la película original *Los diez mandamientos*

Stravinsky o *El Cantar de los Cantares* de Penderecki); en cine, nos encontramos con películas como *La Biblia* de John Huston, *Ben-Hur*, *Los Diez Mandamientos* (como gran referente del género, con Charlton Heston como Moisés), *Éxodo*, *Rey de Reyes* (primera gran película centrada en el Nuevo Testamento), *El*

Evangelio según san Mateo (una perspectiva laica de Pier Paolo Pasolini), *Sansón y Dalila*, *La historia más grande jamás contada*, la sangrienta *Pasión de Cristo* dirigida por Mel Gibson, *La última tentación de Cristo* de Scorsese (que incluye también narraciones de los libros apócrifos, es decir, aquellos que no se consideran canónicos, y que revitaliza el género), *Jesucristo Superstar* (un musical que alcanzó éxito mundial) o, en el ámbito de la parodia, películas como *La vida de Brian* de los cómicos británicos Monty Python; o en la literatura, tanto en la poesía ascético-mística como en los escritos en prosa (Maestro Eckhart, Marguerite Porete, Hildegarda) como en grandes obras de la literatura universal (piénsese en *La Divina Comedia* o en el *Fausto*, entre las muchísimas existentes).

Literaturas antiguas chinas y árabes

Para terminar este capítulo, proponemos un brevísimo panorama de las literaturas china y árabe. La primera es eminentemente de carácter religioso o filosófico, con las contribuciones de autores como Confucio, Lao-Tse o Chuang Tse. Entre las obras más célebres de esta antiquísima literatura, se encuentra el *Tao Te King*, atribuido a Lao-Tse ('Viejo Maestro', de manera literal), y en el que aparece nuevamente el caos como origen: «La no existencia es el principio del cielo y de la tierra». Pero Confucio es el autor más conocido de esta literatura, hasta el punto de que crea una doctrina como pensador, conocida como confucianismo y vertida en sus cuatro libros. Estas enseñanzas, además, mantienen su vigencia en la actualidad. Tal y como corresponde al período que nos ocupa, son obras de difícil datación y atribución, ya que algunas parecen escritas por varias manos. Entre alguna de sus célebres sentencias, podríamos recordar la que defiende la bondad natural del ser humano (no olvidemos la importancia capital que tendrá en la filosofía occidental): «Para conseguir que nuestras acciones sean rectas y sinceras debemos actuar de acuerdo con nuestras inclinaciones naturales» o una entre las muchas que se ocupan de la conducta humana, de la vida y de la muerte: «¿Qué es la muerte? Si todavía no sabemos lo que es la vida, ¿cómo puede inquietarnos el conocer la esencia de la muerte?» Con esta literatura, Confucio, conocido como el Aristóteles chino, pretendió influir directamente en el pueblo para insistir en sus virtudes como método para fundirse con la sociedad. Sus *Analectas* (en las que aparecen diálogos entre el discípulo y el maestro a lo largo de veinte capítulos que recogen enseñanzas de comportamiento ético) suponen para China lo mismo que la Biblia para el mundo occidental. En todo caso, no debemos considerar las literaturas de Oriente y Occidente como compartimentos estancos, dado su carácter heteróclito, sus influencias y rasgos compartidos en tanto en cuanto nos referimos a literaturas antiguas.

Por último, la literatura árabe. Aunque hay una época preislámica, anterior a Mahoma, caracterizada por el género lírico y la perfección formal, así como por su difusión oral, debemos llegar al fundador del islam para encontrarnos con la primera gran obra de repercusión universal: el Corán, libro sagrado para los musulmanes basado en el islamismo, fundado por Mahoma con la inspiración de las fuentes judaicas y cristianas. Recoge la palabra de Alá trasmitida a Mahoma por el arcángel Gabriel y escrita por los discípulos del profeta. Compuesta por ciento catorce capítulos o suras, a pesar de ser un texto sagrado, ha sufrido variaciones según diversas escuelas o sectas. Además de la consideración de Alá como dios único omnipotente, se incluyen elementos folclóricos y leyendas que resultan de interés para la dimensión literaria («la leyenda de los siete durmientes», por ejemplo). Con esta obra se produce la fijación del árabe y su prestigio como lengua que supondrá una impronta más que considerable durante la Edad Media. Así, al árabe se traduce el *Panchatantra*, con el título de *Calila e Dimna*, como paso previo a la gran obra de esta literatura: los cuentos de *Las mil y una noches*, una literatura pensada sobre todo para el entretenimiento y que presenta una colección de narraciones breves desde una propuesta de *mise en abyme*, muñecas rusas o cajas chinas, debido a que se incluyen ficciones dentro del propio marco de la ficción que supone que la bella Scherezade se decida a tener subyugado al sultán con sus historias para evitar los asesinatos de las jóvenes por parte de este una vez que ha pasado la noche con ellas. La literatura como erotismo y como salvación (Scherezade deja inconclusas las historias en el momento preciso para que el sultán no pueda acabar con ella; así, hasta que, tras mil y una noches, se enamora de ella y se casan), su torrente imaginativo y su naturaleza de metaficción, entre otros muchísimos rasgos, la han convertido en una obra indiscutible de la literatura universal. Por eso a nadie le resultan ajenas las historias de Simbad el marino, de Aladino y su lámpara maravillosa o de Alí Babá y los cuarenta ladrones. De manera que esta inclusión de historias termina por convertirnos en esa joven que pretende conjurar la muerte con todo lo que sea posible mediante las ficciones. Sin duda, un legado universal que podríamos cerrar con *El collar de la paloma* de Ibn Hazm, un sutil tratado sobre el amor que, junto a las moaxajas y zéjeles, verbigracia, desempeñará un papel fundamental en el nacimiento de la lírica primitiva española de tipo tradicional.

2

El legado de la literatura clásica griega y romana

A hombros de gigantes

Las palabras del filósofo escolástico medieval Bernard de Chartres, que nos llegan a través del testimonio de uno de sus discípulos, constituyen la imagen más potente para relacionar la literatura grecolatina clásica con la civilización occidental: «Nos esse quasi nanos gigantium humeris insidentes, ut possimus plura eis et remotiora videre», con lo que viene a afirmar que podemos ver mucho más allá precisamente porque contamos con su legado, porque «somos enanos a hombros de gigantes». De esta manera, conocer la literatura grecolatina supone visitar, en realidad, algo que seguimos siendo. Como es natural, se trata de una literatura que cuenta con sus propios precedentes, que en este caso serían los de la cultura micénica. Esta influencia

DAVID, Juramento de los horacios, Louvre. (Heber Phot)

HOMERO

LA ILIADA

La *Ilíada* de Homero

explica los propios orígenes de la literatura griega, que suelen situarse en las epopeyas homéricas: *La Ilíada* y *La Odisea*, junto con la creación de los grandes mitos.

La literatura griega

Se considera que la antigüedad de las manifestaciones de literatura griega puede ser equiparable a las hebreas, aunque su talante poco tiene que ver con cierto autoritarismo divino y opta por un politeísmo contagiado por pasiones y conductas humanas. La mitología griega, pues, está conformada por un conjunto de leyendas y de relatos de carácter literario revestidos de religiosidad que pretenden dar respuesta al origen de los fenómenos y canalizar la naturaleza misma de los seres humanos mediante historias protagonizadas por héroes y dioses. Nos encontramos ante un vasto número de relatos que presentan gran complejidad y variedad. Por ello, resultan sumamente socorridas las diferentes compilaciones que intentan sistematizarlos, como las obras poéticas de Hesíodo compuestas en la antigüedad: *Teogonía* y *Los trabajos y los días*. El gran valor de la primera reside en su carácter organizado de los mitos, casi único. De hecho, se ocupa del origen del cosmos con una propuesta genésica:

> Antes que todas las cosas fue Caos; y después Gea la de amplio seno, asiento siempre sólido de todos los Inmortales que habitan las cumbres del nevado Olimpo y el Tártaro sombrío enclavado en las profundidades de la tierra espaciosa; y después Eros, el más hermoso entre los dioses Inmortales, que rompe las fuerzas, y que de todos los dioses y de todos los hombres domeña la inteligencia y la sabiduría en sus pechos.
>
> Y de Caos nacieron Erebo y la negra Nix, Eter y Hemero nacieron, porque los concibió ella tras de unirse de amor a Erebo.

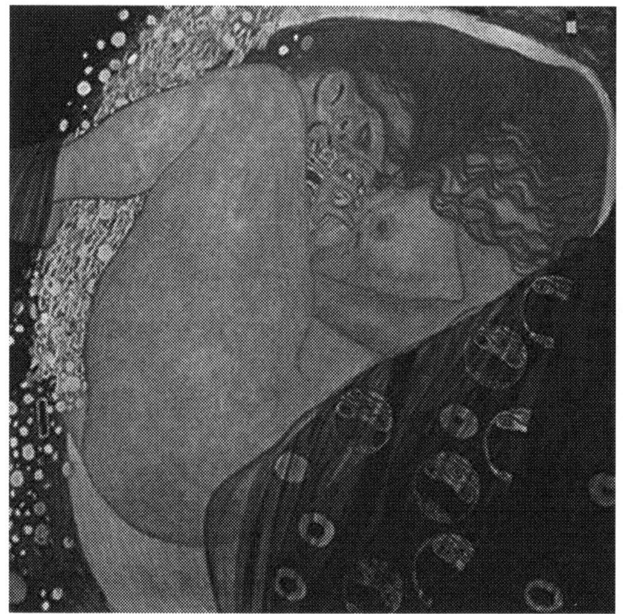

Dánae, de Gustav Klimt

> Y primero parió Gea a su igual en grandeza, al Urano estrellado, con el fin de que la cubriese por entero y fuese una morada segura para los dioses dichosos.

Una vez más, el caos es el principio de todo. Asimismo, se presenta el reparto de los dioses en la Tierra con una trinidad: Zeus (el cielo), Poseidón (mares y océanos) y Hades (inframundo). Los mitos, junto a las aportaciones de las epopeyas, se han venido reelaborando sucesivamente, por lo que resultan indiscutibles en el panorama de la literatura universal; piénsese, como muestra, en la erudita narración mitológica de Rober Graves titulada *Los mitos griegos* y publicada en 1955. En ella, se da buena cuenta de los grandes héroes y dioses que se han incorporado a la cultura occidental y no solo en el ámbito literario. Piénsese en la enorme repercusión que tiene en la pintura o en la escultura: *Dánae, la lluvia dorada* de Gustav Klimt —tras las pinturas de Tiziano, Gossaert o Rembrandt—, pinturas que recrean el momento en que Dánae recibe la lluvia de oro en la que se ha convertido Zeus, quien, ante la reclusión de la joven, consigue fecundarla para que nazca Perseo, o el grupo escultórico *Laoconte y sus hijos*, condenados a ser devorados por serpientes marinas.

Las epopeyas griegas

Abordar las dos famosas epopeyas griegas nos conduce directamente a la llamada cuestión homérica, debido a que ambas se atribuyen a Homero, cuya existencia parece probada, pero que se encuentra rodeada de todo tipo de leyendas.

> Merece la pena recordar como parodia del mito de Penélope y del propio Homero su célebre microrrelato *La tela de Penélope o quién engaña a quién*, en el que Penélope teje para ahuyentar a Ulises y aprovechar para el flirteo con sus pretendientes, de manera inversa a lo que propone el mito original.

Tanto *La Ilíada* como *La Odisea* tienen un origen oral, inauguran el canto al héroe como género narrativo en verso, precedente ineludible para la novela moderna, y ambas están compuestas por veinticuatro cantos. La primera es una narración poética que se basa en hechos históricos del período micénico, aunque no se puede asegurar que se diera esa batalla entre griegos y troyanos durante la guerra de Troya (Ilión, en griego, de ahí el título), que se relata en unos cuantos días del último año de los diez que supuestamente duró la campaña. La obra narra la cólera de Aquiles, el de pies ligeros, que se había retirado de la batalla, pero decide volver al conocer la muerte de Patroclo para tomar venganza, por lo que mata a Héctor, hijo del rey de Troya (Príamo), así como también cuenta el asedio de la ciudad de Troya por parte de los griegos, su incendio y su caída. A pesar de que la leyenda del caballo de Troya como ardid se relaciona directamente con esta contienda, no aparece en ningún momento en *La Ilíada*, sino que se menciona como algo ya conocido en *La Odisea* y aparece en *La Eneida* del romano Virgilio. El error común de considerar que se trata de un pasaje incluido en *La Ilíada* homérica viene dado porque es la epopeya que se ocupa directamente de la batalla entre troyanos y helenos, a la que se asocia correctamente esta leyenda, y por adaptaciones cinematográficas de Petersen, en su película *Troya* de 2004, la cual, además de basarse en *La Ilíada*, recoge elementos tanto de *La Odisea* como de *La Eneida* de Virgilio. En todo caso, conviene recordar la vigencia de la leyenda y que Ulises (Odiseo, en griego), en *La Odisea*, inventa este ardid que consiste en la construcción de un gran caballo de madera a modo de regalo para los adversarios que, en realidad, sirve para sortear barreras, aprovechar la cercanía con los enemigos troyanos y liberar a los aguerridos soldados griegos que oculta en su interior. Esta sugerente leyenda ha dejado expresiones en nuestra lengua (que algo sea «nuestro caballo de batalla»), múltiples representaciones pictóricas y curiosas aplicaciones en el ámbito de la informática, en el que se habla de troyanos para referirse a archivos aparentemente inofensivos que encierran terribles consecuencias una vez que se abren). En todo caso, hay un hilo conductor entre ambas epopeyas homéricas y no solo es la guerra de Troya, sino también temas como el destino, la anagnórisis ('reconocimiento') o el *nostós*. Este último aparece como motivo constructor en *La Odisea*, ya que trata del viaje, del 'regreso'. Se relaciona, pues, la palabra con el origen, de manera que la palabra *nostalgia* en español adquiere una significación única: 'dolor del origen'. Asimismo, es común referirse a una odisea cuando algo nos supone un conjunto de peripecias que constituyen serias dificultades para lograr nuestro objetivo. Así le ocurre a Odiseo en su accidentado regreso a Ítaca desde Troya, plagado de vicisitudes en las que, a menudo, aparecen seres fantásticos (cíclopes, hechiceras, sirenas, etc.). Consigue superar las dificultas y regresar a casa para enfrentarse a sus adversarios en la recuperación de la corona y de su esposa Penélope; controvertido mito de la fidelidad que, para ahuyentar a sus pretendientes, cosía por la mañana y destejía por la noche el sudario de su suegro, ya que una vez que lo terminara, supuestamente, atendería los reclamos de sus atosigantes pretendientes y elegiría a uno. Estas dos epopeyas son las obras con mayor difusión de la Antigüedad griega.

La poesía lírica

Mientras que la poesía épica se ocupa de narrar una serie de sucesos o acontecimientos del pasado glorioso, la poesía lírica se inclina por un tono más íntimo, por convertirse en vehículo excepcional para la expresión de las dimensiones de lo emocional y lo subjetivo. Hay dos tipos fundamentales: la coral y la individual. La primera está concebida para ser cantada a varias voces y la segunda es de recitación individual. En la coral, destaca la figura de Píndaro, capaz de llevar esta modalidad lírica a su culmen y que es uno de los poetas más conocidos de la Antigüedad. Se trata de una modalidad alejada de nuestros tiempos y un tanto compleja en su construcción, que también cultivaron poetas como Simónides o Baquílides; además, al parecer, se trataba de una lírica que iba acompañada de música y baile. Entre su poesía, sobresalen los epinicios, cuarenta y cinco odas organizadas en cuatro libros que ensalzan la figura del atleta vencedor en tanto en cuanto encierra la *areté* aristocrática, a la que pertenecía, representaba y defendía: la armonía, perseverancia, disciplina, fuerza, rigor. Una exaltación que se relacionaba con mostrar, sin derramamiento de sangre, el potencial bélico con el que todos los conciudadanos se identificaban por su condición representativa y heroica. Sus célebres poemas solían terminar con una reflexión sentenciosa, como puede comprobarse en el fragmento de este epinicio, dedicado al vencedor Aristómenes de Egina, en traducción de Carlos García Gual:

Pero los éxitos no dependen de los hombres; la divinidad los da,
lanzando unas veces a uno a lo alto, y aplastando a otro.

Avanza con mesura. Tienes el premio ganado en Mégara,
y el del valle de Maratón, y en el certamen local de Hera
tres victorias, Aristómenes, conquistaste tu empeño.
Sobre cuatro adversarios arremetiste
desde lo alto, planeando su daño.
Para ellos no se decidió de igual modo que para ti
en Delfos un regreso jubiloso,
ni al llegar de vuelta junto a su madre una suave sonrisa
suscitó el regocijo. Por las callejuelas,
a escondidas de sus enemigos
se deslizan temerosos, desgarrados por su fracaso.
pero quien ha obtenido algún reciente triunfo
muy airoso se eleva
impulsado por su gran esperanza
sobre los alados poderes de su hombría,
y tiene una meta superior a la riqueza.
En breve espacio crece la dicha de los mortales. E igual
de pronto cae por tierra, zarandeada por un designio ineluctable.
¡Seres de un día! ¿Qué es uno? ¿Qué no es?

En cuanto a los grandes poetas líricos en la modalidad individual, podemos destacar tres nombres en orden cronológico, de mayor a menor: Alceo, Safo y Anacreonte. Los dos primeros fueron contemporáneos y se presume que también amantes. Alceo es considerado uno de los mejores poetas de su época (al parecer, también soldado), aunque nos ha llegado poco de su producción y todo ello gracias a la admiración que le profesaba Horacio, autor de las traducciones latinas que conocemos. Un autor reconocido que trató tanto la temática de tipo erótico como político desde su posición de aristócrata en Mitilene, en la célebre isla de Lesbos. Además, hay en sus poemas una permanente exaltación de la embriaguez y cualquier ocasión es buena para su celebración. Compartió poemas con la poetisa Safo y su crecimiento lírico se explica también desde su influencia mutua. Como es común en estos casos, su producción nos llega de forma fragmentada:

Bebe y emborráchate, Melanipo, conmigo. ¿Qué piensas?
¿Qué vas a vadear de nuevo el vorticoso Aqueronte,
Una vez ya cruzado, y de nuevo del sol la luz clara
Vas a ver? Vamos, no te empeñes en tamañas porfías.
En efecto, también Sísifo, rey de los eolios, que a todos
Superaba en ingenio, se jactó de escapar a la muerte.
Y, desde luego, el muy artero, burlando su sino mortal,
Dos veces cruzó el vorticoso Aqueronte. Terrible
Y abrumador castigo le impuso el Crónida más tarde
Bajo la negra tierra. Con que, vamos, no te ilusiones.
Mientras jóvenes seamos, más que nunca, ahora importa
Gozar de todo aquello que un dios pueda ofrecernos.

Traducción de Carlos García Gual

Safo de Mitelene

La invitación al disfrute y la sensualidad son evidentes desde la asunción de lo inevitablemente efímero de nuestra condición. Esta sensualidad también presidirá las poesías de Safo, la poeta más traducida de la Antigüedad clásica, que fue descrita por el propio Alceo en uno de sus poemas de la siguiente manera: «Safo la pura, sonrisa de miel y cabello violeta», cita que podemos encontrar en el volumen *Letras* de Eduardo Crema. Es la poeta más antigua conocida en el mundo occidental, a pesar de que sobre ella se sabe poco y se especula mucho. Sin su obra, no podríamos entender la de Catulo, Ovidio u Horacio, de los que hablaremos después. Una obra que canta los placeres sensuales desde una órbita profundamente femenina. Parece probada la bisexualidad de Safo, dado que —además de su relación con el poeta Alceo, algo mayor que ella— encontró entre sus alumnas múltiples amantes. Tan célebres se hicieron sus relaciones con mujeres desde una voz poética femenina que el amor entre mujeres del mismo sexo ha pasado a denominarse lesbianismo (en honor a la famosa isla que la vio nacer y morir) o amor sáfico. La celebridad de esta intensa y sugerente poeta es universal; a todo lo ancho y largo de los tiempos, ha encontrado insignes adeptos. Entre ellos, Platón, quien la denominó para la posteridad «décima musa», o Plutarco, «la bella Safo», pero también ensalzaron su poesía Boccaccio, Baudelaire, lord Byron o Ezra Pound. Por desgracia, su obra nos ha llegado de forma fragmentada, aunque conservamos un poema completo que resulta paradigmático, el «Himno a Afrodita»:

> La de rutilante trono, inmortal Afrodita, hija de
> Zeus, zurcidora de engaños, te suplico, no agobies con
> angustias y sinsabores mi corazón, señora

sino ven aquí, si también en otra ocasión habiendo
oído de lejos mi voz, me escuchaste, y dejando la
morada aurea del padre has venido

después de uncir el carro: hermosos, rápidos
gorriones te portaron en torno de la tierra negra
batiendo fuertemente sus alas desde el cielo por entre
el medio del éter.

Y rápidamente arribaron, y tú, bienaventurada,
sonriendo con tu inmortal rostro, me preguntabas qué
nuevo desasosiego me embargaba y por qué una vez más
te llamo

y qué deseo que le suceda más que nada a mi
alocado corazón. «¿Quién ahora pretendes que
Persuasión arrastre a tu deseo? ¿Quién contra ti,
Safo, comete desafuero?

Y en efecto, si es que huye de ti, presto te
perseguirá, y si no acepta tus regalos, te los dará; y
si no te quiere, pronto te amará aun no queriendo».

Ven a mí también ahora, libérame de mis penosos
afanes, y todo aquello que mi corazón siente ansia que
se lleve a efecto, cúmplemelo, y tú misma séme en el
combate mi aliada.

«El mundo del amor y Safo», en *Scriptura*
Manuel Cerezo Magán

Entre las innovaciones de su lírica, se puede mencionar la estrofa sáfica, un cuarteto compuesto por tres endecasílabos sáficos (con una acentuación singular) y un verso pentasílabo. Alguna oda de Miguel de Unamuno, como ocurre en su poema «Salamanca», adopta esta peculiar forma estrófica. Además, hay que recordar que muchas obras pictóricas recuerdan la

Safo y Alceo en el óleo de Lawrence

figura de esta célebre poeta; algunas, incluso, fabulan con la posibilidad de su suicido entre las rocas por un amor no correspondido. Especialmente interesante resulta la pintura que recoge juntos a Alceo y a Safo en un óleo de 1881 pintado por Lawrence Alma-Tadema o la que representa a una romántica, sensual y siniestra Safo de Lesbos en 1871, obra de Charles Mengin.

Otro de los poetas líricos más sobresalientes de la Antigüedad, sin abandonar una poesía profundamente sensual, es Anacreonte, nacido en Teos, en la actual Turquía. Como en el resto de los casos, nos ha llegado su poesía de manera fragmentaria (de tres libros, aunque se ha llegado a hablar de una producción total de seis) o incluso en versos aislados, recogidos por otros poetas a lo largo del tiempo. Su poesía constituye un canto a los placeres y una invitación a la vida hedonista, incluida la exaltación del erotismo (tanto heterosexual —en el que aparecen con frecuencia bellas jóvenes— como homosexual —nos deja nombres como Cleóbulo y Batilo—), en ocasiones de manera absolutamente explícita. Tan célebres son sus composiciones que en el siglo xviii dieron lugar a todo un subgénero lírico: las anacreónticas; fueron famosas las del poeta neoclásico Meléndez Valdés, verbigracia. Además, fue el primero que habló de las gozosas relaciones lésbicas de Safo (se dice que Anacreonte de Teos pudo nacer en días próximos a la muerte de la gran poeta; es de suponer que tomó el relevo), agigantando toda una leyenda lírica del hedonismo de la maestra para con sus enamoradizas alumnas. En sus producciones líricas, a veces impregnadas de un tono irónico y satírico inspirado en Arquíloco, se incluyen referencias a la naturaleza efímera de nuestra existencia y a la necesidad del placer como reafirmación. Compruébese todo ello, a modo de botón de muestra, en esta oda de autobiografía lírica:

De un lecho fabricado
de lotos y de mirtos
sobre las blandas hojas
quiero brindar tendido.
Amor sirva la taza,
con cinta de papiro
por el hermoso cuello
su palio atrás prendido.
Como la inestable rueda,
tal sigue su camino
nuestra mísera vida
rodando de continuo.
Y ya que nuestros huesos
al término prescrito
se desaten, en polvo
seremos convertidos.

¿Para qué ungir las losas
de los sepulcros fríos?
¿ni derramar en vano
aromas exquisitos?
A mí más bien de esencias
ungidme mientras vivo,
de rosas coronadme,
llamad al amor mío.
Primero que a las danzas
me lleven del abismo,
quiero dejar cuidados,
quiero vivir tranquilo.

Anacreonte, Safo y Tirteo
Traducción de José del Castillo y Ayensa

El poeta de los banquetes cierra esta nómina de poetas arcaicos que recitaron su poesía acompañados de la lira, instrumento que legó su nombre a esta excelsa práctica: la lírica.

El teatro griego

Sin olvidar el papel trascendental de la literatura griega arcaica en el nacimiento de la lírica, debemos recordar también su protagonismo en los orígenes del teatro, desde la propia etimología del término ('yo miro', en griego), que alude ya a su carácter de representación oral y dialógico, ajeno a la difusión meramente escritural. Las fiestas en honor a Dionisos supusieron auténticas dramatizaciones con música y baile. Ellas fueron el comienzo de un género literario que surgió inseparablemente de un espacio singular (el teatro griego; primero de madera, después de piedra) y del coro, un grupo de personajes que provocaban la tensión dramática mediante el diálogo para contrastar sus sentimientos con los del héroe. Los espacios son únicos por su increíble sonoridad y sabia disposición. Así, los ditirambos (primeras manifestaciones teatrales, acompañadas de música y de danza) se representaban en el escenario, alrededor del cual se disponían las gradas como asientos para el público, cuyo centro lo constituía el espacio reservado para el coro. Los protagonistas solían llevar tacones de consideración, tanto por destacar como por acercar su condición a la de los dioses y los héroes, así como máscaras que servían para impostar las voces y potenciar el ámbito de la ficción al mismo tiempo que las hacía más audibles. De alguna manera, el azar haría surgir el teatro desde la lírica, con partes dialogadas y partes cantadas, y se entenderían dos subgéneros: la comedia y la tragedia. Ambas modalidades presentan claras diferencias, ya que la comedia estaba protagonizada por personajes similares a los seres humanos, cuando no a pícaros, el desenlace era feliz y adoptaban un tono coloquial, en ocasiones vulgar o soez. Por el contrario, la tragedia la protagonizaban héroes y dioses acuciados por el *fatum*, ese hado que convertía en inevitable el destino que se veía venir; eran frecuentes la muerte y la sangre. En todo caso, quede claro que el desenlace trágico se relaciona directamente con un destino conocido, pero imposible de revertir. Las máscaras se diferenciaban en cada subgénero, de manera que la sonrisa o el semblante abatido indicaban ya ciertas convenciones.

A Esquilo se le considera el padre de la tragedia, género dramático por excelencia en la Antigua Grecia, y se especializa en abordar el sufrimiento humano como una fuente de conocimiento. Solo nos han llegado algunas obras de este dramaturgo y también guerrero (parece que batalló en Salamina, Maratón o Platea), entre las que destacan la trilogía de *La Orestíada* (*Agamenón*, *Las coéforas* y *Las Euménides*), *Los siete contra Tebas* o *Prometeo encadenado*.

En la única trilogía que conservamos completa de Esquilo, se abordan las vicisitudes del rey Agamenón en el regreso a sus tierras tras la guerra de Troya. *Los siete contra Tebas* formaba parte de una tetralogía, pero es la única que se ha conservado, y trata el tema mitológico del asedio de Tebas, cuyo reinado se basaría en la alternancia pacífica anual en el trono de dos de los hijos de Edipo: Eteocles y Polinices. Cuando, después de un año, Eteocles se niega a abdicar, tal y como se había acordado, y destierra a su hermano porque opina que no está preparado para asumir el reino, se produce al asedio de Tebas. Mediante unos versos llenos de intensidad, se aborda una auténtica tragedia: estos dos hermanos saben que están destinados a matarse mutuamente, pero no pueden evitarlo. Frente a las murallas de la ciudad, el séptimo de Tebas y su hermano mueren tal y como el oráculo había profetizado. *Prometeo encadenado* también forma parte de una trilogía incompleta y cuenta el castigo mítico de Prometeo por haber robado el fuego a los dioses y habérselo entregado a los hombres.

Esquilo, pues, representa el primer escalón para llevar hasta el culmen a la tragedia; una fórmula primitiva (solo presenta dos personajes) y sumamente dinámica que se depurará con Sófocles y se modernizará con Eurípides. Sófocles ya incluye un tercer personaje y evolución psicológica; de él, conservamos siete tragedias. Entre ellas, destacan *Electra*, *Antígona* y *Edipo rey*.

Tal y como suele acontecer en estas tragedias, la mitología se convierte en metáfora para los grandes temas, sobre todo el de la justicia o el destino. La venganza, el rencor, el odio y las leyes humanas frente a los designios humanos aparecen en estas tragedias.

Eurípides es el autor trágico del que tenemos una mayor producción dramática (dieciocho obras). Aristóteles lo consideró como «el más trágico de los trágicos», dada su especialización en el género, a pesar de que este logro no se viera demasiado reconocido por sus contemporáneos, desacostumbrados a su modernidad que, entre otros elementos, proponía personajes mucho más cercanos a los seres humanos que a los dioses. Es más, el propio Aristóteles llego a añadir: «Sófocles pinta a los seres humanos como deberían ser, pero Eurípides, como son». Con fama de misántropo y misógino, aunque quizá de manera legendaria, presenta obras en las que se intensifica el pesimismo y las pasiones desbordadas, así como la muerte, la violencia, el espíritu crítico, el desenlace fatal y la anagnórisis; elementos básicos.

Entre sus tragedias destacan *Medea*, *Orestes*, *Las Bacantes* o *Las Troyanas*, esta última llevada al cine en 1971 por Michael Cacoyannis, con Katharine Hepburn en uno de los papeles principales. Se trata de una reflexión sobre las mujeres convertidas en botín cuando se desata la guerra y un grito desgarrador en medio de una postura antibelicista: «¡No dejéis que a la injusticia siga el silencio!». Sin duda, el autor más influyente de los tres grandes trágicos; en parte, quizá, porque es del que nos ha llegado mayor producción y porque es el intento dramático más moderno (le quita importancia al coro en la acción dramática).

Los escritores de comedias más destacados son Aristófanes y Menandro. Nada ni nadie escapaban de la capacidad satírica de estas piezas. Aristófanes es el primer autor de mérito en este subgénero, y se centró sobre todo en la burla de índole política; en ocasiones, adoptaba un tono soez, que se verá refinado y modernizado en el caso de Menandro. Del primero, sobresalen entre las once que conservamos *Las nubes* (y su crítica a los sofistas), *Las avispas* (sátira preñada de parodia que presenta un juicio absurdo en el que se acusa a un perro) o *Lisístrata* (en ocasiones profundamente soez, propone como venganza de las mujeres, en una actitud antibelicista, privar a los hombres de relaciones sexuales).

Para finalizar con el teatro griego en esta rápida revisión, conviene recordar a Menandro, máximo exponente de la comedia nueva, quien escribe comedias cuyos asuntos no proceden del acervo mitológico, sino de la vida real, suprime el coro e imprime vivacidad a los diálogos; de sus obras completas, destaca *Dyskolos* o *El Misántropo*, donde el huraño Cnemón abandona su misantropía, no sin antes expiar su culpa. Estas comedias abonan la gran comedia nacional francesa muchos siglos después, en las manos de Molière.

Otros géneros

Tras la tríada de géneros literarios canónicos, conviene recordar otras manifestaciones literarias, como las fábulas de Esopo, los escritos históricos (aún impregnados por el mito) de Heródoto (primer prosista europeo), a Tucídides (historiador riguroso e imparcial) y a Jenofonte (*Anábasis* es un título de referencia) o las obras filosóficas de Sócrates (precedido de los presocráticos: Pitágoras, Demócrito, Parménides y Heráclito, entre otros), Platón (y su invención del diálogo, magníficamente instruido por su maestro) y Aristóteles (primer gran teórico de la literatura con su *Poética* y *Retórica*).

Sin duda, el fabulista griego por excelencia es Esopo, esclavo de profesión, quizá nacido en Frigia, que nos plantea historias breves y lúcidas protagonizadas por animales mayoritariamente (a veces, por dioses o seres humanos) para transmitir alegóricamente una enseñanza de validez universal acerca de los vicios y las virtudes humanas. Mucho se ha dicho acerca de su biografía, pero tenemos muy poca información fidedigna sobre este gran hombre que, al parecer, murió injustamente, debido a una falsa acusación de sacrilegio que le valió la precipitación desde la roca Hiampa. Sí sabemos que es el gran fabulista universal, un observador agudo que influyó a lo largo del tiempo —tanto en la Edad Media como en el Renacimiento y en el Neoclasicismo— en otros fabulistas excepcionales como La Fontaine o Samaniego. Creó auténticas tipologías animales en cuanto a las cualidades que encarnan: la previsión y trabajo de la hormiga, la astucia de la zorra, la solemnidad del león, la perversidad del lobo, etcétera.

> «El hombre y la hormiga» presenta la típica estructura fabulística e incluye su moraleja al uso:
>
> Se fue a pique un día un navío con todo y sus pasajeros, y un hombre, testigo del naufragio, decía que no eran correctas las decisiones de los dioses, puesto que, por castigar a un solo impío, habían condenado también a muchos otros inocentes.
>
> Mientras seguía su discurso, sentado en un sitio plagado de hormigas, una de ellas lo mordió, y entonces, para vengarse, las aplastó a todas.

Se le apareció al momento Hermes, y golpeándole con su caduceo, le dijo:

—Aceptarás ahora que nosotros juzgamos a los hombres del mismo modo que tú juzgas a las hormigas.

Moraleja: Antes de juzgar el actuar ajeno, juzga primero el tuyo.

La supuesta fealdad y la austeridad de este inmenso fabulista adquirieron categoría estética gracias a Velázquez, cuyo cuadro se conserva en la pinacoteca del Museo del Prado para inmortalizar al padre de la fábula desde una concepción barroca. En definitiva, el legado griego incide extraordinariamente en nuestra cultura, bien de manera directa, bien indirectamente —a través de la cultura romana, también determinante—, como abordaremos a continuación.

Literatura romana y la épica

Resulta un tanto paradójico que el imperio más poderoso desde el punto de vista político fuese conquistado culturalmente por la civilización griega, pero así fue. Tras la traducción de los textos griegos, hay un intento de romanización de este legado literario. En este esfuerzo se emplea el poeta Virgilio, que compone durante sus últimos diez años de vida el poema épico de la *Eneida* por mandato del emperador Augusto, quien pretende darle a Roma un libro mítico sobre sus orígenes a la manera homérica.

Antes escribió las *Églogas* y las *Geórgicas*, las primeras son un conjunto de diez poemas bucólicos que encontraron una enorme resonancia en el Renacimiento; las siguientes conforman un poema didáctico para ensalzar el amor hacia la naturaleza, concretamente hacia la agricultura. *La Eneida* virgiliana presenta una evidente inspiración homérica, ya que la primera parte, compuesta por seis cantos, recibe la influencia directa de *La Odisea* y la segunda, compuesta por otros seis, de *La Ilíada*.

En la primera, el héroe Eneas se presenta como el origen de los romanos (Rómulo y Remo, los famosos gemelos, descienden de Eneas, tras varias generaciones, y fueron amamantados por una loba, tras su rescate del río Tíber; todo ello se recrea de manera fundacional y fantástica en la propia *Eneida*) y se narra su huida de la destrucción de Troya, junto a familiares y guerreros; en la segunda, se relatan los episodios bélicos de Eneas contra los pueblos itálicos antes de asentarse en los montes Albanos. Lógicamente, el libro recoge la enemistad hacia los griegos (los romanos descienden de los troyanos) y hacia los cartagineses (en el rechazo que Eneas protagoniza frente a la primera reina cartaginesa: Dido). A pesar de que su propio autor la consideró como inacabada e imperfecta (al parecer llegó a exigir su destrucción cuando se encontraba moribundo debido a una enfermedad que contrajo cuando viajaba a Grecia y Asia), se ha convertido en la gran epopeya nacional. La trascendencia de Virgilio es innegable tanto en la Edad Media como en el Renacimiento y singularmente en figuras como las de Dante y Petrarca. No en vano, Dante se hará acompañar del gran poeta Virgilio en el deambular por el purgatorio y por el infierno que se recogerá en *La Divina Comedia*.

Junto a la figura de Virgilio destaca la de Ovidio, autor de *Las metamorfosis*, una revisión cronológica de más de doscientos mitos que arrancan en los orígenes del mundo hasta la metamorfosis de Julio César en estrella; gran mérito, pues, en hilvanar las historias y en humanizarlas. El propio Ovidio fue consciente de que era su obra maestra y de que podría codearse con *La Eneida* por su virtuosismo. Además, ambas constituyen el culmen de la literatura romana y proponen el origen de Roma. La de Virgilio, desde el adoctrinamiento; la de Ovidio, desde el entretenimiento y la fantasía. La obra de Ovidio influyó determinantemente en la Edad Media y en el Renacimiento y dio carta de naturaleza a la mitología clásica o grecolatina; los romanos sistematizan el mítico mundo heredado de los griegos. Esta mitología se convierte en un elemento excepcional en cuanto a su repercusión en el arte, solo por detrás de las resonancias bíblicas.

Lírica romana

En lo que a lírica se refiere, habría que recordar la figura de Virgilio (y sus mencionadas *Bucólicas*) y de Ovidio, cuya producción presenta una clara división entre los poemas compuestos en Roma, de temática erótica, como el *Ars Amandi* o *Remedios de amor* —ambas obras presentan un carácter didáctico e irónico para asesorar a hombres y a mujeres en asuntos amorosos— o *Amores* —conjunto de poesías dedicado a su amante Corina— y sus obras, tituladas *Tristes* y *Epístolas Pónticas*, escritas en el destierro al Ponto Euxino, a orillas del Mar Negro, que presentan un tono doloroso, melancólico, sufriente y de petición de clemencia, además de un marcado tono autobiográfico.

Asimismo, destacan Horacio, quizá el mejor poeta lírico en latín, cuya producción es comparable a la épica de Virgilio y que presenta gran variedad de temas y formas (nos deja, además, tópicos universales,

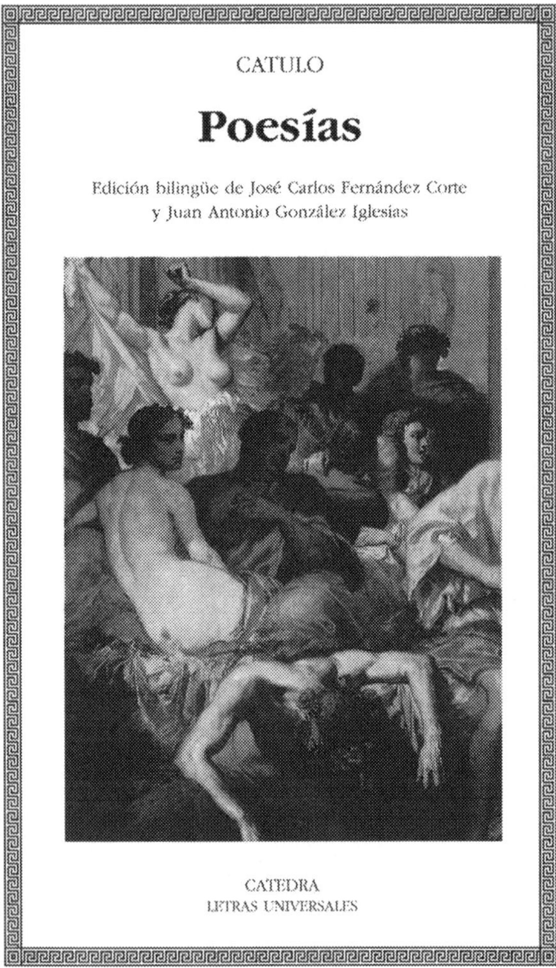

Edición bilingüe de las poesías de Catulo

como el beatus ille o 'dichoso aquel' mediante el que se ensalza la vida retirada y sencilla del campo frente al ajetreo de la urbe, lo que inspiró a fray Luis, quien hizo una de las recreaciones más conocidas en su *Oda a la vida retirada*); Marcial, representante por excelencia de la poesía satírica y autor de epigramas al modo de Catulo, algunos sumamente lúcidos («Reservas tus elogios para los muertos, / jamás aprecias a un poeta vivo. / Discúlpame, prefiero seguir viviendo / a tener tu alabanza»), y Catulo, el verdadero creador de la lírica romana, considerado por muchos como el más destacado lírico y que fue, desde luego, el gran representante del grupo de poetas denominados neotéricos latinos —probablemente también porque es el único autor del que se conserva una obra que supera lo meramente fragmentario—. Estos neotéricos latinos eran nuevos poetas calificados despectivamente por Cicerón como «cantores de Euforión», que buscaban su inspiración en los autores griegos más que en sus antecesores romanos. En el caso de Catulo, es evidente la influencia directa de Safo de Lesbos, hasta el punto de que su amada recibe el nombre poético de Lesbia, bajo el que parece esconderse Clodia, una mujer tan hermosa como inclinada a la vida licenciosa y disoluta. He aquí un ejemplo de la sensual poesía de Catulo:

Vivamos, Lesbia mía, y amémonos.
Que los rumores de los viejos severos
no nos importen.
El sol puede salir y ponerse:
nosotros, cuando acabe nuestra breve luz,
dormiremos una noche eterna.
Dame mil besos, después cien,
luego otros mil, luego otros cien,

después hasta dos mil, después otra vez cien;
luego, cuando lleguemos a muchos miles,
perderemos la cuenta, no la sabremos nosotros
ni el envidioso, y así no podrá maldecirnos
al saber el total de nuestros besos.

El carácter canallesco que, en ocasiones, adopta la poesía de Catulo influyó decididamente en otras manifestaciones literarias y, de manera singular, en las poesías desenfadadas de los goliardos medievales, estudiantes universitarios que adoptaban un tono procaz y sensual en algunas de sus composiciones. Asimismo, su incidencia es muy clara también en la producción lírica española del XVIII, por ejemplo, en poetas como Meléndez Valdés o Alberto Lista.

Teatro romano

Tras la lírica, conviene que nos ocupemos del teatro, cuya vigencia se hace evidente con tan solo observar la gran cantidad de restos que fueron construidos con posterioridad al desarrollo de este género y que nos acompañan en nuestros tiempos (valga como excelso ejemplo el del teatro romano de Mérida, que alberga anualmente uno de los mejores festivales de teatro clásico del mundo). Nos han llegado escasas muestras literarias de este teatro: comedias de Plauto y Terencio, y algunas tragedias (las de Séneca y fragmentos de Pacuvius, Ennius y Accius).

Es un teatro que se inspira directamente en el griego para adaptarlo a los gustos del público romano y que presenta dos grandes subgéneros, tal y como constatamos con las muestras que tenemos: comedia y tragedia. La primera experimentó un mayor desarrollo y presentaba dos posibilidades: *fabula palliata* y *fabula togata*. De la primera, que recibe su denominación del nombre de una túnica griega, es de la que conservamos la mayor cantidad de textos; sus argumentos se ambientan en Grecia, la figura del esclavo como gracioso presenta gran relevancia y la hicieron célebre Plauto y Terencio. La segunda, cuyo nombre proviene de una prenda romana, refleja costumbres, personajes y escenarios romanos; se considera de una calidad inferior a la anterior y el autor más sobresaliente fue Afranio.

También nos encontramos dos tipos de tragedias: *fabula cothurnata* o *crepidata* y fabula praetexta; la primera recibe su nombre del calzado que llevaban los actores y tenía ambientación griega; la segunda recibe su nombre de una túnica romana. Como podemos comprobar, el teatro romano se mueve entre la omnipresencia del teatro griego y los intentos de reinterpretarlo a la romana, siempre desde una concepción del teatro diferente a la de los griegos, ya que para los romanos el teatro era considerado como juego (ludi), como espectáculo.

Sin duda, los grandes representantes de este teatro son Plauto y Terencio, el primero persigue provocar la risa en los espectadores y no duda en acudir a la expresión soez ni a los chistes para lograrlo. *Miles gloriosus* es una de sus comedias más conocidas. En ella, recrea la figura del soldado fanfarrón, que influyó en la creación de uno de los estereotipos de la *Commedia dell'Arte*: el capitán Fracassa, que inspirará a Theopile Gautier y al mundo del celuloide con una película del mismo nombre primero en 1940 y, después, con el nombre de *El viaje del capitán Fracassa* en 1990. Lo cierto es que el teatro de Plauto resulta de inspiración para el cine, tal y como atestigua también la divertida *Golfus de Roma* (1966), que no se inspira en ninguna comedia concreta y que, sin embargo, da buena cuenta de este tipo de comedias.

Terencio destacó por la caracterización psicológica de los personajes desde un profundo conocimiento de los seres humanos; no en vano, nos dejó unas conocidas palabras al respecto: «Homo sum: humani nihil a me alienum puto», es decir, 'Soy un hombre, nada humano me es ajeno'. Su obra con más éxito fue *El eunuco*, en la que también aparece el soldado fanfarrón. La influencia de ambos en la literatura universal es enorme: Plauto fue determinante para *La Celestina*, para el teatro inglés del xvi y, singularmente, para Shakespeare y Molière, ambos creadores conspicuos de las comedias nacionales de sus países; y Terencio, para el teatro de Lope de Rueda, la comedia renacentista y también para Molière, un genio del subgénero dramático de la comedia.

Otros géneros

Para cerrar la literatura romana, debemos referirnos sucintamente a otro tipo de escritos menos convencionales en lo que a géneros se refiere, una suerte de prosa discursiva que se mueve entre la historia y la oratoria por lo general, en la que hay que mencionar a Séneca, que, además de escribir tragedias, nos ha dejado cartas morales y diálogos; a Julio César, con una prosa tan precisa como refinada en *La guerra de las Galias* o en *La guerra civil*; a Cicerón, gran orador de la antigua Roma y uno de los puntales de la literatura romana en lo que a retórica se refiere junto a la figura de Quintiliano; a Tito Livio, historiador que pronto se convirtió en un clásico cuya impronta encuentra especial auge durante el humanismo italiano, aunque también después (Dante, Petrarca, Voltaire, Montesquieu, Lope de Ayala, etc.), o a Tácito, considerado como uno de los historiadores latinos más sobresalientes, sumamente influyente en pensadores como Maquiavelo. Además, conviene recordar la célebre adaptación de su obra por partida doble: primero Robert Graves con *Yo, Claudio* y esta, a su vez, reinterpretada en una conocidísima serie televisiva.

La caída del Imperio romano, tras su desintegración durante el siglo v d. C. a manos de los bárbaros y a causa de sus propias debilidades internas, supondría el advenimiento de la llamada Edad Media.

3

La literatura medieval: cantares de gesta, el amor cortés y las novelas de caballería, prosa medieval, poesía popular de tipo tradicional, poesía trovadoresca y otras manifestaciones

La Edad Media, ¿una época oscura?

La transición del Imperio romano a la Edad Media no puede delimitarse nítidamente, ya que se produce mediante la cohesión del cristianismo como vertebrador de la cultura medieval europea y el uso del latín que, en la escritura, tardaría en verse desplazado por las lenguas vernáculas. Nos encontramos pues, ante un largo período que ha sido objeto de todo tipo de ideas preconcebidas; sin ir más lejos, desde su propio bautizo, ya que su nombre proviene de una concepción del período medieval como paréntesis entre épocas realmente meritorias. Sin embargo, se trata del período durante el que surgieron las primeras universidades (las primeras de la Europa cristiana fueron las de Italia, Inglaterra, España y Francia) y la imprenta, con toda la revolución cultural que trajo consigo (a partir de 1553, la imprenta de tipos móviles, de madera o de metal llega a Europa de la mano de Johannes Gutenberg).

Sin embargo, no debemos olvidar que en países como China o Corea se empleó la imprenta de tipos móviles con siglos de anterioridad. Gutenberg añadió algunas singularidades a este tipo de imprenta oriental. Esta revolución fue incluso mayor que la que ha podido suponer en nuestros días la invención de internet, que, por otra parte, parece haber logrado lo contrario que la imprenta, ya que el invento medieval normalizó la cultura y organizó por escrito el saber.

Además, en el período medieval se desarrollaron las grandes lenguas vernáculas en Europa (a pesar de que les resultase difícil ir desplazando al latín, sobre todo en la expresión escrita) y se llevaron a cabo empresas culturales del máximo nivel como la escuela de traductores de Toledo (con la inestimable aportación de Alfonso X el Sabio, y su labor coordinadora en volcar los textos al hebreo, al árabe o al castellano, generalmente desde el latín; sin olvidar que muchas obras de literatura oriental se tradujeron al castellano gracias al trabajo de esta escuela medieval) y la conservación del legado clásico, aunque no su difusión generalizada, al menos hasta la invención de la imprenta (por medio sobre todo de la labor de los monjes escribas en sus *scriptorium*, convertidos en personajes célebres gracias a la novela histórica medieval de misterio escrita por Umberto Eco y titulada *El nombre de la rosa*, uno de los mejores cien libros de la literatura universal según Le Monde), que marca ya el tránsito de la Edad Media al humanismo.

Resulta difícil comprender este período sin la influencia de san Agustín y de Boecio, así como sin el intento unificador de grandeza carolingia encabezado por Carlomagno. Asimismo, parece imposible entenderlo de manera cabal sin las consideraciones del historiador Jacques Le Goff, que nos recuerda que la Edad Media puede parecerse a la noche, pero llena de estrellas. No debemos considerar la Edad Media, pues, como una época oscura sobre la que únicamente se cernieron invasiones bárbaras y epidemias, puesto que ya hemos abordado también algunas luces, a pesar de su organización social en un sistema feudal (del feudo que un señor cede a su vasallo a cambio de que lo trabaje) sumamente rígido, en el que se moriría con la misma condición con la que se nacía: nobleza, clero o pueblo llano. Se trata de una sociedad que gira en torno a lo rural y lo religioso en la que el teocentrismo coloca a Dios como centro de todas las cosas; en general, un dios del temor. Tendremos ocasión de comprobar cómo este sistema feudal típico de la época medieval será transpuesto desde una perspectiva erótica en la concepción del célebre amor cortés, donde la amada hará las veces de alta señora respecto de su vasallo, el amante.

La épica medieval

En el terreno literario, la épica medieval ocupa un lugar de privilegio. El nacimiento de las culturas europeas, asociado al surgimiento de las lenguas vernáculas, lleva aparejado el canto de las hazañas de los héroes nacionales representantes del origen mítico, con dosis mayores o menores de historicismo, según los casos. *Epos* significa hazaña, de manera que la épica narra los acontecimientos de un héroe que persigue el honor a través del riesgo, parafraseando al gran estudioso de la épica Maurice Bowra. Por lo tanto, estas narraciones en verso resultan tan inseparables de las epopeyas de la Antigüedad como de la necesidad que tienen los nuevos pueblos de crear una identidad nacional. Estos cantares eran difundidos por los juglares, quienes transmitían la literatura oralmente por las plazas y las calles de las villas medievales a cambio de la voluntad. Las figuras del juglar y del clérigo como hombre culto, concentran la producción literaria de la Edad Media, hasta que en el siglo xv asistimos a la presencia de los trovadores.

Juglares y cantares de gesta

En general, los juglares representan la literatura de tradición oral, de carácter popular y de autoría colectiva y anónima que se ocupó de improvisar y dramatizar cantares de gesta. Por su parte, los clérigos se ocuparon de materializar una literatura culta de autor conocido mediante el célebre mester de clerecía. En todo caso, ni pueden ni deben entenderse como manifestaciones literarias incomunicadas en compartimentos estancos, sino en la permeabilidad de las influencias mutuas personificadas por estos dos protagonistas de la Europa medieval.

Los cantares de gesta, pues, recrean la historia de un héroe que, a pesar de padecer la injusticia y el desamparo, termina salvando todos los obstáculos. No podemos olvidar que durante la Edad Media predomina el analfabetismo, por lo que la literatura hubo de difundirse mayoritariamente de manera oral, lo que provocó, en el caso de la épica, que los cantares que conservamos fueran recogidos por escrito con posterioridad a su difusión oral. Así, resultan célebres *Beowulf*, *La Chanson de Roland*, *El Cantar del Mío Cid*, *El Cantar de los Nibelungos*, el Libro de las conquistas de Irlanda y *El Cantar de la hueste de Ígor*, tanto como representantes históricos nacionales vinculados al origen mismo representantes literarios por antonomasia. Dada su naturaleza, la datación resulta compleja, puesto que se trata de obras que, creemos, tuvieron un origen oral y, sin embargo, nos han llegado a través de manuscritos que también presentan complicaciones en torno a su fecha de producción. A pesar de las dificultades, podemos afirmar que se trata de obras altomedievales y que todas ellas reflejan personajes históricos y acontecimientos ya pasados, en algunos casos bastantes lejanos en el tiempo con respecto a la escritura.

Beowulf es una obra épica anónima escrita en Inglaterra y está considerada un auténtico tesoro nacional, a pesar de que los hechos se desarrollen en Escandinavia (entre Dinamarca y Suecia) y mezclen, como corresponde a la épica, personajes históricos e inventados, posibles episodios reales y otros absolutamente fabulosos y legendarios. Escrita en anglosajón antiguo, con el ritmo de sus versos aliterativos, repletos de sonoridad métrica, divididos en hemistiquios, y de evidente impronta cristiana (el ogro antagonista es la representación del mal, descendiente de Caín), se encontró junto a otras obras en un mismo manuscrito, pero la celebridad de Beowulf fue tal que, finalmente, el manuscrito quedó referido mediante el título que da cuenta de las hazañas sobrenaturales de este héroe del sur de Suecia que mata a tres monstruos míticos: dos ogros en Dinamarca y un dragón en su Suecia, de vuelta a casa, y que alcanza el honor de ser rey por méritos propios (aquello de alcanzar el honor a través del riesgo hasta sus últimas consecuencias, pues el héroe muere, tras el enfrentamiento en el que acaba con el dragón, y recibe un funeral con todos los honores).

Las influencias de esta obra resultan innumerables; sin embargo, no debemos olvidar los lúcidos trabajos que suscita en la pluma de Jorge Luis Borges, en los *Devoradores de cadáveres,* del autor de *Parque Jurásico,* Michael Crichton, en las sagas de Tolkien y su fabulosa mitología o en las adaptaciones cinematográficas tan diversas en su factura como en sus objetivos. Entre estas adaptaciones, se encuentran la película protagonizada por Cristopher Lamber en 1998; la dirigida por el islandés Sturla Gunnarsson en 2005, en cuyo título aparece el temible ogro al que el héroe arrancará un brazo, provocándole la muerte y encendiendo la ira —con el posterior enfrentamiento que le supondrá— en la madre del ogro fallecido, aún más pavorosa que su demoníaco hijo y del que también saldrá victorioso nuestro épico héroe de la Suecia meridional: Beowulf & Grendel; la de animación dirigida Robert Zemeckis y estrenada en 2007, o incluso series de televisión, como *Beowulf: Return to the Shieldlands*, de 2016, plagada de efectos especiales.

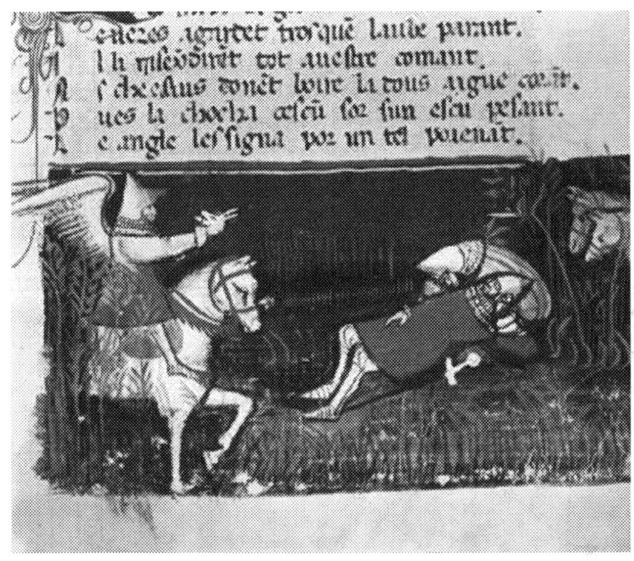

Imagen de *La Chanson de Roland*

En cuanto a *La Chanson de Roland*, hemos de recordar que precisamente en lengua francesa se conservan el mayor número de cantares y, al parecer, son los más antiguos entre las lenguas románicas. En este marco, conviene recordar que el *Cantar de Roldán* es el cantar de gesta más antiguo conservado y el de mayor calidad de la épica francesa. La historia, narrada de manera novelesca, se inspira en los hechos acontecidos a finales del siglo VIII en la península ibérica cuando Carlomagno, impelido por la llegada de los musulmanes a territorio franco, decidió intentar tomar Zaragoza sin éxito y con terribles consecuencias para su ejército durante el regreso, en la localidad navarra de Roncesvalles, los resistentes pueblos del norte (los únicos en la península ajenos a la influencia musulmana) aprovecharon su angostura para derrotar a un ejército muy bien preparado que pereció en una celada histórica.

Sin embargo, la obra literaria obvia ambas derrotas de Carlomagno y convierte este hecho en una victoria del cristianismo frente a los musulmanes (los sarracenos sustituyen a los vascos sin pudor) en la órbita ideológica de los cantares de gesta, defensores del cristianismo y del sistema feudal. La exageración y la desmesura típicas de estos cantares se hace proverbial; la fantasía en el tratamiento cronológico, el cambio de protagonistas en función de la intencionalidad, la fabulación geográfica (que convierte en localidades vecinas a Córdoba y Zaragoza y que eleva esta última sobre una montaña) y la presencia de lo sobrenatural (el arcángel Gabriel, el detenimiento del mismo sol ante la petición de Carlomagno para terminar la batalla) desembocan en la gran hipérbole final: el aviso del aguerrido Roldán a su tío Carlomagno desde la retaguardia a través del sonido de un cuerno cuyo fortísimo soplido acaba por romperle sus propios tímpanos.

Como colofón, Carlomagno decide vengar a su más valeroso caballero y arrasa la capital de Aragón. Pero por encima del contenido, sobresalen su armonía estructural, su concisión y falta de artificio en el estilo, y la brevedad en los períodos sintácticos y en el diseño de un papel secundario otorgado a la mujer que, en el caso de esta obra, encuentra en Alda su personaje trágico por excelencia, ya que muere fulminada al conocer la muerte de su amado Roldán, sin brebajes ni puñales que intervengan en el luctuoso suceso. Esta excelente obra literaria también ha gozado de adaptaciones cinematográficas, como la película documental estrenada en 2011 por el director holandés Olivier van der Zee, la cual se ocupa de los hechos históricos del cantar o de representaciones artísticas, como el grupo escultórico que el artista italiano Mario Bassi di Vergiate donó a Roncesvalles, titulado *La muerte de Roldán* y que actualmente no se encuentra en buen estado, por desgracia.

A pesar de que la épica castellana presenta un menor número de cantares que la francesa, destaca por el célebre *Cantar de Mío Cid* y, en general, por su mayor carácter de verosimilitud, debido quizá a que los juglares que los difunden viven con relativa cercanía respecto de los hechos que relatan y a que estos hechos acontecen en tierras que ellos conocen perfectamente. Este carácter, que podríamos tildar de realista, sin embargo, no le resta valor literario, ya que se aleja de la mera crónica en verso.

Rodrigo Díaz de Vivar representa de manera paradigmática la figura del héroe épico en la persecución del honor a través del riesgo; así, cuando vive las diferentes situaciones deshonrosas, logra alcanzar una mayor gloria y un más alto honor. Los tres cantares distribuyen el argumento al modo tradicional tripartito: planteamiento (injusto destierro del Cid), nudo (cantar de las bodas de las hijas del héroe) y desenlace (afrenta de Corpes y restauración del honor mediante la intervención de la justicia y de un nuevo y digno casamiento de sus hijas).

En conjunto, presentan ciertas singularidades que los identifican frente a otros cantares de gesta, como el fino humorismo (el engaño de las arcas llenas de arena que se entregan a los prestamistas Raquel y Vidas; el episodio del león para mostrar la cobardía de los infantes de Carrión, y el retrato de algunos personajes de la alta nobleza como el conde de Barcelona y Asur González, el primero descrito con carácter infantil y el segundo calificado como ebrio), la intimidad de la vida familiar del héroe y el contraste con el carácter feral de ciertos detalles bélicos. Además, la presencia de un juicio, absolutamente anómalo en las disputas de honor medievales, ha suscitado toda suerte de teorías (entre ellas, la de que habría un autor culto, con conocimientos jurídicos, en la producción de esta obra). En suma, un humorismo con intencionalidad degradante y una pretensión de verismo que no erradica ciertas fabulaciones (como la aparición del arcángel Gabriel, la invención de doña Elvira y doña Sol como las hijas del protagonista —al parecer, llamadas María y Cristina—, el episodio de la Jura de Santa Gadea, algunas campañas bélicas, etcétera).

En todo caso, las resonancias de esta mítica obra son claras, tanto en el ámbito de lo literario con las versiones de Guillén de Castro, de Corneille y, contemporáneamente, de Vicente Huidobro, como en el de lo pictórico (entre otras, las dos pinturas sobre la Jura de Santa Gadea, de Martínez del Rincón y de Hiráldez, o el bellísimo cuadro impresionista *Las hijas del Cid* de Ignacio Pinazo, fruto de la estética de finales del siglo XIX, que recoge el estremecedor momento de la afrenta del robledo de Corpes, con las hijas del Cid atadas y semidesnudas tras el maltrato de sus recientes maridos, los infantes de Carrión.

Asimismo, tiene influencias en lo cinematográfico, ámbito en el que destaca la película dirigida por Anthony Mann, estrenada en 1961 y protagonizada por los mediáticos Charlton Heston y Sofía Loren, inspirada en la obra literaria, sin renunciar a ciertas interpretaciones libres, como la omisión del episodio de la

Jura de Santa Gadea o la inclusión de la muerte del héroe por la herida de una flecha, o lo legendario (con aquella supuesta capacidad del Cid de vencer campañas después de muerto a lomos de su fiel Babieca, algo que en ningún momento aparece en el Cantar, cuyo final se ocupa del casamiento de las hijas del Cid con los príncipes de Navarra y Aragón y, por lo tanto, con el honor del héroe en su punto más alto.

Otros cantares europeos

Antes de ocuparnos de una de las principales obras de la épica germana (*El cantar de los nibelungos*), merece la pena mencionar otros cantares como *El cantar de las huestes de Ígor*, cuya originalidad fue cuestionada, pero de la que ya no parece dudarse, y que inspiró, aunque parcialmente, también una ópera: *El príncipe Ígor*, con música y libreto de Borodin, que hubieron de terminar Rimski-Kórsakov y Glazunov. Este cantar, que se separa de las típicas características del género por los abundantes detalles acerca de la naturaleza y por las reflexiones en torno al papel que esta desempeña en la vida humana, constituye la obra más importante de la literatura medieval rusa y refiere hechos acaecidos en torno al siglo XII, cuando el príncipe Ígor fracasó en la campaña bélica con la que pretendió someter a los polovtsianos, un pueblo nómada de la estepa también denominado cumano. En realidad, este cantar persigue recordar la importancia de la unión de los príncipes rusos, porque precisamente la falta de esta unión es la que complica el rescate de Ígor, quien finalmente logra huir gracias a la intermediación divina. Esta prosa rítmica pretende, pues, alentar la necesaria unidad de los príncipes rusos frente a la amenaza permanente de los pueblos túrquicos del este. Uno de los elementos más llamativos de la obra, sin duda, es la curiosa mezcla entre mitología eslava y cristianismo. Además de este cantar, vale la pena referirse a *Leabhar Ghabhála* o *El libro de las invasiones irlandesas*, conjunto de manuscritos del siglo XII organizados en trece partes (correspondientes a otros tantos libros) que se ocupa de ofrecer el origen del pueblo irlandés, acaecido tras las diferentes oleadas de invasiones celtas, con la esperable mezcla de hechos históricos y novelescos, sin que falte la historiografía cristiana.

Pero si hay un cantar conocido universalmente, ese es *El cantar de los nibelungos*, junto al *Beowulf* —del que ya dijimos algo anteriormente— y las Eddas, cantos inspirados en la mitología nórdica y una de las obras más destacadas de la épica germánica; una auténtica joya de la épica medieval, de antiquísimo origen y transmisión oral (hasta que en el siglo XIII queda fijada en diversos manuscritos), enraizada en las eddas y conformada por treinta y nueve cantos distribuidos en dos grandes partes narrativas: la primera, acerca de Sigfrido y su homicidio, y la segunda (a partir del vigésimo canto incluido), en la que ganan protagonismo Krimilda y su venganza.

La celebridad de este cantar se debe, en parte, a la genial ópera de Richard Wagner, de resonancia universal por su carácter holístico de arte capaz de concitar todos los lenguajes posibles. No hay que olvidar que el título puede inducir a error, ya que el episodio en el que Sigfrido vence a los nibelungos, hijos del rey, se produce con anterioridad a los hechos de los que se ocupa la obra en cuestión.

Las concomitancias entre el héroe griego Aquiles y el germánico Sigfrido no dejan de resultar asombrosas, a pesar de la celebridad de la leyenda griega de Aquiles y de una posible influencia directa ya en las primeras versiones de este cantar germánico, que recogen la invulnerabilidad del héroe obtenida en parecidísimas circunstancias y con similares servidumbres (en el caso de Sigfrido, es una zona de la espalda y en el de Aquiles, el talón; ambas zonas no impregnadas por el líquido milagroso de la inmortalidad, cuya vulnerabilidad supondrá funestas consecuencias para los dos). Los amores de Sigfrido y Krimilda, hijos de reyes, tras su casamiento, se ven truncados por el asesinato de Sigfrido a manos de Hagen, quien, a su vez, ha sido contratado por Brunilda, pues se ha sentido engañada por Gunter, su marido y hermano mayor de Krimilda, quien consiguió asombrarla engañosamente gracias a la intermediación de Sigfrido y su manto mágico. Tras el homicidio, el felón Hagen de Trónege se hace con el tesoro que custodiaba Krimilda y que él tanto ansiaba. Más de una década después, la viuda casa con Atila, rey de los hunos, en una hipérbole del anacronismo, y urde la definitiva venganza contra los asesinos de su primer marido otros tantos años después de las nupcias. Para ello, convence a Atila para invitar a la corte del rey Gunter al castillo. Gunter y Hagen mueren decapitados a manos de la expeditiva Krimilda, quien, a su vez, pierde al hijo que engendró de Atila, asesinado precisamente por Hagen. El carácter trágico de la obra alienta lo sangriento: Atila no aprueba la muerte de Hagen, a quien reconoce valor, y tampoco Hildebrando, quien, para desagraviar la pérdida, mata a Krimilda.

En cuanto a sus repercusiones en otras artes, es especialmente significativa la adaptación cinematográfica

Escena de las valquirias de la conocida ópera wagneriana

muda de Fritz Lang, estrenada en 1924. *Los nibelungos*, considerada como su mejor obra de aquella época —para algunos, su obra maestra—, está dividida en dos volúmenes en virtud de la estructura original (muerte de Sigfrido y venganza de Krimilda) y revestida del mito cinematográfico del expresionismo alemán o de las representaciones pictóricas de Füssli, pintor suizo que recreó varias escenas del cantar; entre ellas, el hondo lamento de Krimilda sobre el cadáver de Sigfrido, de 1817, con esa maravillosa técnica de un romanticismo cargado de irracionalidad. *El anillo del nibelungo* ha resultado exitoso como título en adaptaciones de lo más dispares, desde una superproducción de aventuras estrenada en 2004 hasta la sublime ópera wagneriana, referida con anterioridad; una tetralogía majestuosa. En ella, es sobradamente conocida la cabalgata de las valquirias (Brunilda es una de ellas), profundamente fiel al carácter bélico, ancestral y violento que las caracteriza originariamente y popularizada en la película *Apocalypse Now* de Coppola, que se basa en la novela de *El corazón de las tinieblas* de Joseph Conrad, pero que se ambienta en la guerra de Vietnam. Resulta llamativo, finalmente, el hecho de que *El cantar de los nibelungos* sea una obra paradigmática de la épica (en la que, sin embargo, se deja morir tempranamente al héroe) y que, al tiempo, presente características de la llamada novela caballeresca, ya que nos encontramos con la galantería y el trato cortesano típicos entre damas y caballeros, sin olvidar la concepción del honor.

Las novelas de caballería

Una vez asediados los principales cantares de gesta de la épica medieval, abordemos, aunque sea brevemente, las novelas de caballería, cuyos rasgos aparecen, si bien en ciernes, en este cantar de gesta germánico. Este tipo de novela arrancaría con las primitivas narraciones de la materia de Bretaña, escritas en pareados octosilábicos con rima total y, en la primera mitad del siglo XII, sobre todo con la temática de los amores entre Tristán e Isolda.

La materia de Bretaña se hará central en este tipo de novelas a mediados del siglo XII. Se trata de los libros que forman parte del llamado ciclo artúrico, es decir, que giran en torno a la figura del rey Arturo y su legendaria espada Excálibur. Arturo es un mítico monarca cristiano de naturaleza legendaria —aunque puede basarse en un personaje histórico— alrededor de cuya corte surgen las aventuras de los caballeros de la tabla redonda, donde nos encontramos a Parsifal, Tristán o Lanzarote en la busca del Santo Grial (que contuvo la sangre de Cristo), junto al mago Merlín; objeto de múltiples recreaciones literarias y adaptaciones cinematográficas.

A estas novelas se las ha denominado también *roman courtois*, que podría traducirse como 'novela cortés' y que se diferencian sustancialmente respecto de los cantares de gesta, pues su autoría es culta y generalmente conocida, su complejidad técnica es mayor, se caracterizan por su capacidad de fabulación y no se destinan a la recitación oral, a pesar de que sigan ajustándose a la narrativa en verso (más corto, con predominio del octosílabo), y sin olvidar que el amor gana muchísima transcendencia, concretamente el tratamiento del amor cortés.

Un buen ejemplo de consagración del ciclo artúrico y de los inicios de este género se lo debemos a las producciones de Chrétien de Troyes de mediados del siglo XII, consideradas —por añadidura— como primeros intentos de una novela moderna: *Erec y Enid*; *Cligès*; *Yvain, el Caballero del León*; *Lanzarote, el Caballero de la Carreta* (donde se abordan las relaciones adúlteras entre el caballero Lancelot y la reina Ginebra), y *Perceval o el cuento del Grial*, entre otras. Cligès resulta especialmente significativa entre el resto, porque, a pesar de que mantiene los personajes del ciclo artúrico, se ambienta en el mundo griego y bizantino para concederle exotismo.

Contemporánea de Chrétien de Troyes es Marie de France, recordada hoy por la composición de sus *lais* (término proveniente del celta *laid*, que significa 'canción'), una colección de doce narraciones breves escritas en verso y de temática amorosa y fantástica que constituye el inicio de las narraciones breves en las lenguas románicas y que añade a la materia de Bretaña ciertas dosis de lo maravilloso, del refinamiento y de lo ensoñado. Otras tantas novelas de caballería continúan con la narración en verso, como el *Roman de la Rose* o *El roman de Renart*, aunque poco a poco se irá renunciando a él y ganará terreno la prosa como forma de expresión, que se generalizará en la última etapa (desde el siglo XIV hasta el XVI), sobre todo en castellano y en catalán.

Es el caso de *Tirant lo Blanc* (*Tirante el Blanco*) del valenciano Joanot Martorell, escrita en torno a 1464 y jalón fundamental hacia la cristalización de la novela moderna, pues renuncia a la totalización idealizadora al proponer un héroe más a la medida de los seres humanos, así como lugares y situaciones de carácter verosímil; aunque, quizá, lo más interesante desde una perspectiva estilística sea la mezcla de registros (aparecen lo culto y lo coloquial), impensable en novelas idealizadas monocordes en la expresión, y su proximidad ya a los conceptos de heterología y de heterofonía que acuñara el teórico Mijail Bajtin para la novela moderna.

No en vano, entre los elogios prodigados hacia la novela, se encuentran las palabras de Dámaso Alonso, quien la considera como la primera novela moderna, o de Cervantes, quien descubrió las singularidades de esta obra con respecto a las de su género y llegó a afirmar en el cuarto capítulo del *Quijote* (concretamente durante el donoso escrutinio de los libros de don Quijote por parte del cura y el barbero): «comen los caballeros y duermen y mueren en sus camas, y hacen testamento antes de su muerte, con otras cosas de que todos los demás libros de este género carecen». También fue elogiada por Vargas Llosa, que la consideró como novela total e insistió en su intenso erotismo (con la inclusión del erotismo grupal y del voyerismo);

sin lugar a duda, una especificidad de esta novela, como la de construir una ficción en torno a la pérdida histórica de Constantinopla a manos de los turcos, salvada en la ficción por Tirant, siempre heroico frente a los infieles. Por otra parte, la ironía y el sarcasmo principian una línea novelística esencial al aportar esa distancia del narrador sobre los hechos narrados que nos introduce ya en el ámbito de la novela moderna.

También escribió en catalán el pensador Ramón Lull, en cuyos escritos hay un marcado componente místico que supuso el tejido necesario para la perla tardía de la poesía mística española, ya en el Renacimiento, y que nos dejó obras como el *Libro de la orden de caballería*, la novela *La Blanquerna* o la obra enciclopédica de *El árbol de la Ciencia*. Pero es momento de ocuparnos de la narrativa medieval breve que hemos introducido al abordar con anterioridad los *lais* de María de Francia. En este tipo de subgénero, resulta inevitable referirse a los *fabliaux*, narraciones breves en verso escritas desde el siglo XII hasta el XIV (sobre todo durante el siglo XIII), caracterizadas por su anonimia, su humorismo, su picardía (en forma de tretas, de artimañas), su presentación de personajes arquetípicos (marido engañado, mujer astuta, campesinos simples, clérigos avariciosos, etc.) y su erotismo:

Despídese del sacerdote el villano.
El párroco ordena al instante
que, para acostumbrarla,
aten a Blerain con Brunain,
su propia y espléndida vaca.
El clérigo hacia el jardín la conduce;
encuentra allí a la otra vaca

y las ata, a las dos juntamente;
entonces se va, y así las deja.
La vaca del sacerdote agacha la cabeza
porque quiere comer hierba,
más Blerain no puede soportarlo;
al contrario, tira tan fuertemente de la cuerda
que arrastra a la otra fuera del jardín;
de tal modo le hace recorrer
casas, campos de cáñamo y praderas,
que acaba regresando a su establo
con la vaca del sacerdote
que, con mucha fatiga, tuvo que ir arrastrando.]
El villano mira y la ve,
y siente una gran alegría en su corazón:
«¡Ah, exclama el rústico, querida amiga,
Dios, en verdad, devuelve los bienes por duplicado,]
pues Blerain regresa con otra vaca;
trae una hermosa vaca con manchas oscuras;
así, tenemos ahora dos por una:
nuestro establo va a quedar pequeño».

Con tal ejemplo, esta fabliaux enseña
que quien no se resigna es un insensato.
Es rico, el que Dios colma de riquezas,
no el que las esconde y las entierra.
Nadie puede acrecentar sus bienes
sin exponerse a la suerte; es condición previa.]
Así tuvo el villano dos vacas
y el clérigo ninguna.
Quien cree avanzar, con frecuencia retrocede.

Fabliaux: cuentos Franceses Medievales

Precisamente, los *fabliaux* incidirán de manera directa en las principales narraciones breves medievales: las que conforman *El Decamerón* de Boccacio y *Los cuentos de Canterbury*, de Geoffrey Chaucer. El incipiente espíritu burgués que explica los *fabliaux* o las colecciones de *exempla* y su afán moralizante, en la órbita didáctica de la literatura medieval, explica también las dos obras mencionadas, en las que se insertan los cuentos en una narración mayor.

El Decamerón de Giovanni Boccaccio pasa por ser la primera obra maestra de las narraciones italianas. Data del siglo XIV y su influencia posterior fue enorme (pinturas de Botticelli que ilustran varios cuentos, *El jardín encantado* de John W. Waterhouse, la opereta del siglo XIX del compositor Farnz von Suppé y, ya en el siglo XX, *El decamerón negro*, una singular *suite* para guitarra de Leo Brouwer que constituye una auténtica invitación al placer; o películas como *Tres historias de amor,* una adaptación argentina de los años cincuenta o, quizá las más célebre, *El Decamerón* de Pier Paolo Pasolini, inspirada en nueve cuentos de esta obra maestra y estrenada en los años setenta como primera pieza de su famosa *Trilogía de la vida*, que completó con *Los cuentos de Canterbury* y *Las mil y una noches* y que se compone de cien cuentos, entre los que nos encontramos auténticas novelas cortas.

El contexto que presenta la obra es histórico, ya que se refiere a la devastadora peste que asoló Europa alrededor del año 1348. Diez personajes jóvenes (siete mujeres y tres hombres) escapan de Florencia por este motivo y se ocultan en las afueras de la ciudad, en una casa de campo, con lo que, para entretenerse, deciden contarse historias durante diez días (en griego, 'decameron'); cada uno contará una historia por día, para llegar al total de las cien.

En los cuentos predominan tres temáticas fundamentalmente: la inteligencia, el amor y la fortuna; las ambientaciones son sobre todo realistas, aunque algunas historias son exóticas y lejanas; resulta característico el tono humorístico de los cuentos, aunque en ocasiones se impone el dramatismo, el lirismo, el erotismo e, incluso, el tragicismo.

A pesar de ello, se trata de cuentos caracterizados por su diversidad y por su proveniencia de diferentes fuentes. En todo caso, la gran novedad de esta colección de cuentos pasa por el hecho de que se encuentran insertos en un marco narrativo mayor que les resulta común. Dejemos hablar a uno de sus personajes, a la joven Pampinea:

> —El sol —dijo esta— solo se halla a mitad de su carrera, y el calor no es muy fuerte; en ningún otro sitio estaríamos mejor que aquí, donde el dulce céfiro parece haber establecido su mansión. Ahí hay mesas y juegos de ajedrez para los que deseen jugar; mas si opináis como yo, nadie jugará. En el juego, la diversión no es recíproca, casi siempre uno de los jugadores se impacienta y se incomoda, lo cual disminuye en gran manera el placer del adversario, lo mismo que el de los espectadores. ¿No valdría más contar algunas historietas, relatar algún cuento bonito, inventarlos, si se quiere, cuando no se sepan? En este género de entretenimiento, el que habla y el que escucha quedan igualmente satisfechos. Si lo que propongo os agrada, es muy posible que cada uno de nosotros haya contado su novelita antes de que decaiga el calor diurno, hecho lo cual nos encaminaremos donde mejor

> nos plazca. Sin embargo, debo manifestaros que estoy dispuesta a hacer aquello que os agrade más a todos. Si vuestra opinión es contraria a la mía, os doy libertada para que elijáis el pasatiempo que mejor os parezca.
>
> Señoras y caballeros contestaron unánimes que no conocían otro más agradable que el que les proponía su reina.
>
> —Tengo una pasión loca por los cuentos —dijo el festivo Dioneo—. Sí, señora, vamos a narrar cuentos; nada hay más divertido.

Así, se van ensartando los cien cuentos, entre los que podemos mencionar «Meter al diablo en el infierno», de corte erótico-jocoso; «El avaro engañado», en el que los amigos del protagonista se confabulan con el médico para sacarle su dinero (mediante un engaño absurdo); «Landolfo o la fortuna imprevista», en el que el azar quita y da fortuna al protagonista (con desenlace feliz), o «Los calzones del juez», en el que un magistrado de curiosa indumentaria interior es objeto de burla y escarnio. Tal y como puede comprobarse, su intencionalidad se va desgajando del didactismo medieval y habita el entretenimiento.

Sin esta fantástica obra, no se entendería la colección de cuentos del autor inglés Geoffrey Chaucer: los *Cuentos de Canterbury*, ya que los protagonistas —representativos de los diferentes estamentos de la sociedad— peregrinan desde Londres hasta el santuario de santo Tomás de Canterbury (Santo Tomás Becket) y deciden contar historias para hacer más llevadero el trayecto. En esta obra, de finales del siglo xiv, que supone la consolidación de la lengua inglesa, se alternan verso y prosa, y encontramos un origen popular junto a una intertextualidad culta que persigue satisfacer a un público variado, al igual que en los cuentos de Boccaccio. Además de la comicidad y del marcado carácter escatológico, se separa también del didactismo del medioevo como única finalidad (sin renunciar, en ocasiones, a la moraleja) para validar la literatura como divertimento, como digna manera de eludir las vicisitudes y monotonías cotidianas a base de historias imaginativas que atraen el interés del auditorio. Abunda la temática referida al matrimonio y a las relaciones entre hombres y mujeres, aunque aparecen también la superstición, la fortuna, el antisemitismo, la avaricia e, incluso, la blasfemia.

Lírica culta y popular en el medievo

Una vez explicada la narrativa, corresponde que fijemos nuestra atención en la poesía lírica medieval, en la que la poesía provenzal (proveniente de la región que se extendía por la zona meridional de Francia y por el norte de España y de Italia, caracterizada por el uso de la lengua vulgar como alternativa al latín y que arrancó en torno al siglo XI con absoluta popularidad) se cantaba por parte de los trovadores (para muchos, una evolución de la figura del juglar en el ámbito culto de la corte). Aunque, sobre todo, trabajaron la cansó y el sirventés. El primero es el medio por excelencia para abordar el amor cortés; es la transposición de las relaciones feudales al ámbito amoroso, en el que la amada es la dueña (el señor) y el amado, el vasallo. Por vez primera aparece el amor como servicio, y se convierte a la mujer casada en auténtica protagonista de este amor, lo que explica —al menos en parte— la expresión contradictoria, ese espíritu conceptista que convierte a la poesía en muchas ocasiones en un elemento abstruso, difícil de comprender, con el fin de evitar incómodas identificaciones y peligrosos reconocimientos.

El amor cortés constituye uno de los grandes hallazgos de la poesía provenzal y se recoge desde un ámbito teórico en el tratado de Andreas Capellanus del siglo XII; a pesar de ello, el término *amor cortés* es, en realidad, posterior (lo acuña el filólogo Gaston Paris en 1883), ya que en época medieval se denominó *fin's amor, verai' amors* y *bon'amors*, en virtud de un amor puro que se enraíza en la idealización.

En cuanto al sirventés, se utilizó para la sátira tanto política como de carácter individual, y no faltan las que presentan tono moralizador. También cultivaron piezas como el *planh*, un lamento fúnebre de tono elegiaco (son escasos los dedicados a la muerte de la amada; generalmente, se destinan a la muerte del protector del poeta) o la pastorela (de la que provienen variantes en otras lenguas como la pastoral francesa o la serrana o serranilla castellanas. En ellas, importa el diálogo —por contraste— que se establece entre una dama rústica (la pastora) y un caballero aristocrático, quien pretende cortejarla y recibe diferentes respuestas según la composición (el asentimiento y la petición de una dádiva, la declinación furibunda, acompañada a veces del auxilio de sus familiares, o incluso puede cerrarse con ambigüedad), la poesía de debate, que es un tipo de *dezir* hecho como un diálogo entre dos trovadores; uno escribe los versos pares y otro, los impares, ajustándose a una misma forma métrica. Los versos podían ser *tensó* (discusión libre y punto de vista al gusto de cada poeta) o *partimén* (poema de ingenio en el que uno de los poetas plantea un tema susceptible de discusión y se compromete a adoptar la posición contraria con respecto a la de su interlocutor), sin olvidar los debates acerca de temas literarios.

También aparece el alba, famosa composición en la que los amantes se lamentan por la llegada del amanecer, que supone el fin de su encuentro amoroso en la furtividad del amor cortés, que promueve la figura de la amada como una mujer casada; en estos poemas no son infrecuentes las imprecaciones al vigía que protege e informa a los amantes por ser quien se ocupa de dar la mala noticia del amanecer. Además, encontramos la balada, una variedad de poema pensado para la danza, o los villancicos, composiciones no religiosas en su origen, de carácter popular, con estribillo y destinadas al canto a varias voces.

La existencia de los trovadores queda recogida en la prosa provenzal de autores anónimos que escriben sucintamente las biografías de estos, entre los que podemos destacar al primero del que tenemos noticia (Guilhem de Peitieu), a uno de los más destacados por el éxito de su poesía amorosa (Bernart de Ventadorn), al considerado como mejor trovador catalán (Guillem de Berguedà) o al exitoso Giraut de Bornelh, de poesía hábil y refinada (para muchos, el mejor trovador). Esta influyente poesía desembocó en la lírica gallego-portuguesa, que se articuló en composiciones como la cantiga de amor, de amigo, de escarnio y de maldecir.

Al mismo tiempo que nos encontramos con la poesía trovadoresca, surge un tipo de lírica de raigambre popular como respuesta a la literatura culta en latín que presenta su máximo esplendor durante los siglos XII y XIII y que también se escribe en latín. Nos referimos a la poesía goliardesca, una tendencia poética caracterizada por la pobreza impuesta y la marginalidad; su carácter satírico e irreverente (en ocasiones) y su exaltación de los placeres mundanos suponen ya una vuelta de tuerca respecto del teocentrismo medieval y constituyen el anuncio de algo nuevo. Estos goliardos («clérigos errabundos») fueron perseguidos y considerados malditos por su perniciosa capacidad de cuestionarlo todo y por sus desinhibidas letras, siempre contrarias a lo establecido:

Bebe la señora, bebe el señor
bebe el caballero, bebe el clérigo,
bebe aquel, bebe aquella,
bebe el siervo con la criada, bebe el animoso, bebe el perezoso,
bebe el blanco, bebe el negro,
bebe el constante, bebe el vago,
bebe el tosco, bebe el sabio,
bebe el pobre y bebe el enfermo,
bebe el desterrado y el desconocido,
bebe el niño, bebe el viejo,
bebe el obispo y el decano,
bebe la hermana, bebe el hermano,
bebe la abuela, bebe la madre,
bebe ésta, bebe aquél
bebieron ciento, bebieron mil.

Edición de los *Carmina Burana*

Esta exaltación se escribe en latín medieval y son composiciones que tienen como autores representativos a Gualterio de Chatillón, Hugo de Orleans, Gualtero Mapes, Pedro de Blois y, posiblemente, Pedro Abelardo, a pesar de que la mayoría pertenecen a un autor desconocido o se vinculan a Golias o Goliath, quien da nombre a este tipo de poesía. Son composiciones que se agrupan en cancioneros y el más conocido es el titulado *Carmina Burana*, un conjunto de composiciones con notación musical que significa 'canciones de Beuren', una latinización del nombre del monasterio benedictino donde se hallaron, en Baviera. Estas canciones del siglo XIII constituyen una exaltación de los goces de la vida. Se escribieron en latín vulgar, bajo alemán o una mezcla de ambos y se dividen en tres partes («Primavera», «En la taberna» y «La Corte de Amor») precedidas y finalizadas por una interpelación a la fortuna, que se ha hecho famosísima gracias a la adaptación operística de Carl Orff (una selección de veinticuatro poemas) y que aborda su variabilidad azarosa, determinante en la existencia humana y en sus vicisitudes. Se trata de un clásico en la literatura medieval:

O fortuna
Velut luna
statu variabilis,
semper crescis
aut decrescis;
vita detestabilis
nunc obdurat
et tunc curat
ludo mentis aciem
egestatem,
potestatem
dissolvit ut glaciem.

Sors inmanis
et inanis,
rota tu volubilis,
status malus,
vana salus
semper dissolubilis,
obumbrata

et velata
michi quoque niteris;
nunc per ludum
dorsum nudum
fero tui sceleris.

¡Oh, fortuna,
variable como la luna
como ella creces sin cesar
o desapareces!
¡Vida detestable!
Un día, jugando,
entristeces a los débiles sentidos,
para llenarles de satisfacción
al día siguiente.
La pobreza y el poder
se derriten como el hielo
ante tu presencia.

Destino monstruoso
y vacío,
una rueda girando es lo que eres,
la salud es vana,
siempre puede ser disuelta,
eclipsada
y velada;
me atormentas también
en la mesa de juego;
mi desnudez regresa
me la trajo tu maldad.

Otras manifestaciones

Esta idea de la fortuna resultará crucial tiempo después, en las *Danses macabres*, un teatro medieval en el que la muerte es la gran protagonista e invita a bailar, con su poder igualitario y bajo el tópico del *memento mori* ('recuerda que vas a morir'), a todos los estamentos, con una clara impronta en una obra maestra como *La Celestina*, cuyo soberbio hibridismo preludia, en la literatura española, el advenimiento del humanismo y el agotamiento de la cosmovisión medieval.

Dentro del género lírico, y cronológicamente pareja a estas representaciones teatrales (de mediados del siglo XIV y XV), merecen reseñarse obras como la del arcipreste de Hita (con su *Libro de Buen Amor*, repleto de deliciosa ambigüedad que cuestiona la finalidad exclusivamente didáctica) o Françoise Villon, un poeta instalado en la marginalidad y la vida rocambolesca que deja multiplicidad de tonos en sus más célebres composiciones; como *Le Testament,* conocido como *El Gran Testamento* o *La balada de los ahorcado*s, en las que aparece la angustia que suscita la muerte —espoleada por su condena—, al mismo tiempo que el deseo de absolución desde el fervor religioso. El poeta húngaro Faludy, muy conocido como poeta erótico y como traductor, las readaptó al húngaro y al checo con renovado éxito.

También son dignos de mención Ausiàs March, poeta valenciano de primera línea que influyó definitivamente en la lírica renacentista española debido a la búsqueda de mayor naturalidad y depuración de la complejidad característica de la poesía cortesana del XV; Jorge Manrique, con la soberbia elegía de *Coplas a la muerte de mi padre* (don Rodrigo), cuya influencia ha llegado hasta la actualidad en la literatura española y lo ha convertido en auténtico poeta de poetas, y el romancero, composiciones octosilábicas provenientes de los versos heroicos de los cantares de gesta que se han convertido en columna vertebral de la literatura española, ya que a las primeras compilaciones del llamado *Romancero viejo* les siguen, por emulación culta, las del *Romancero nuevo* y continúan con éxito en los poemarios de los poetas del grupo del 27.

La influencia de las literaturas árabes en la Edad Media

Antes de cerrar este capítulo, conviene recordar la importancia de la literatura árabe durante el período medieval. Aunque ya se ha hecho alguna mención tangencial, no debemos olvidar que la Edad Media supuso el alumbramiento de dos obras fundamentales para la literatura universal (*Los cuentos de las mil y una noches* y el Corán) y de otras obras menores, pero de enorme trascendencia, como *Sendebar* (colección de *eixempla* medievales de carácter misógino y finalidad aleccionadora) o *Calila e Dimna* (compilación de cuentos que relatan dos lobos, con el típico carácter didáctico de esta literatura medieval), entre muchas otras. *Los cuentos de las mil y una noches* proponen de manera magistral la técnica del *mise en abyme*, de las muñecas rusas o de las cajas chinas, ya que la historia principal —que hace de hilo narrativo conductor— presenta, a su vez, historias en su interior. Además de la metaficción como elemento moderno, esta colección de cuentos (cuya historia vertebradora es la de la bella e inteligente Scherezade, hija del visir, que está decidida a frenar las ejecuciones de las jóvenes, de las que se aprovecha previamente el sultán para matarlas al amanecer, relatando historias que deja estratégicamente sin desenlace para continuar al día siguiente y evitar su muerte, hasta que consigue enamorar al sultán y lograr su definitiva salvación al contraer matrimonio con él) ha dejado huella en la literatura universal con historias como las de «Aladino y la lámpara maravillosa», «Alí Babá y los cuarenta ladrones», «Simbad el marino», etc., las cuales cuentan con múltiples adaptaciones cinematográficas, entre las que destaca la de Pier Paolo Pasolini, integrada en su célebre *Trilogía de la vida* ya citada y ejemplo por excelencia de los vasos comunicantes entre literatura y cine.

Por su parte, el Corán, libro sagrado para los musulmanes que recogería la palabra de Alá revelada al profeta Mahoma por intercesión del arcángel Gabriel y, además, rige la vida civil —concebida inseparablemente de la religiosa— en algunos países islámicos, puede considerarse, como ocurre con la Biblia, también una obra literaria. Fue compuesta en el siglo VII (algo después de la muerte del profeta) y conformada por ciento catorce capítulos o suras distribuidas en dos partes: las predicaciones de Mahoma en la Meca y los preceptos y enseñanzas que escribió en Medina. Se trata de una obra que mezcla, por una parte, el carácter narrativo, el apelativo y el prescriptivo y, por otra, la prosa y el verso, e introduce personajes de los libros sagrados cristianos y judíos, convirtiéndolos en profetas del islam. Aunque resulta evidente su fijación escrita, nadie puede dudar, además, de su transmisión oral, pues su título alude precisamente a la recitación.

De la cultura medieval hacia el humanismo

Paulatinamente, la difusión del humanismo, entroncada en el movimiento estético del Renacimiento y arranque de la Edad Moderna, se fue extendiendo desde los hallazgos de la literatura italiana, que hundió sus raíces en la cultura medieval. Sea como fuere, debemos combatir el prejuicio de la Edad Media como época sin cultivo intelectual, ya que la presencia de la literatura culta es indiscutible en las producciones de los intelectuales del momento, conocidos como clérigos y responsables de la permanencia del saber clásico.

4

El período del humanismo: la literatura renacentista

El carácter apolíneo del Renacimiento

En la transición del alumbramiento hacia una nueva tensión estética, en este caso de carácter apolíneo, armónico, idealizado y equilibrado, intervienen múltiples factores, entre los que se encuentran el paso del teocentrismo al antropocentrismo (recuérdese *El hombre de Vitruvio*, elucidora muestra de Leonardo da Vinci que propone al hombre como la medida de todas las cosas), cierta estilización del amor cortés medieval, las corrientes de invitación a los goces de la vida (reconvertidas en un refinado optimismo vital y en contención expresiva en cuanto a la asunción de nuestro carácter efímero provocado por el inevitable transcurrir del tiempo), la erudición de unos autores como los goliardos, la definitiva impronta platónica (y su anhelo de lo absoluto en la identificación de belleza, bondad y virtud) o la pujanza del humanismo, sin olvidar que estos factores vienen acompañados de grandes cambios económicos, sociales y políticos, como el auge de las ciudades, el incipiente capitalismo, el surgimiento de la burguesía (corolario de la sociedad mercantilista que sustituye a los derechos adquiridos por nacimiento) o el fin del feudalismo.

El *dolce stil nuovo*

Sin lugar a duda, uno de los mejores representantes de esta evolución es el poeta Dante Alighieri, que lleva a su culmen una diferente óptica de entender el mundo y el arte: el *dolce stil nuovo*, una reacción lírica de estilización y naturalidad —frente al retorcimiento de la lírica provenzal, asediada por las antítesis, los juegos de palabras y las paradojas— que promueve la idealización amorosa en la figura de la *donna angelicata*, una joven mujer identificada con la divinidad y fundida metafóricamente con la naturaleza y con elementos lexicalizados poéticamente (lirios para identificar la blancura de la frente, rosas para las saludables mejillas, vidrio para el cuello frágil, oro para los cabellos rubios, la luz para referirse a la amada, etc.), y cuyos rasgos se incardinan en la *descriptio puellae*. En esta avanzadilla estética, le acompañan Guinizelli (que abona el nuevo terreno al representar el nuevo ideal de ensalzar los méritos propios frente a los heredados, exaltados por la sociedad medieval) y su amigo Cavalcanti (que le prepara el terreno con un conjunto de poemas amorosos que exaltan la idealización del amor como logro de la plenitud por parte del poeta en una órbita

Petrarca

neoplatónica y que supera al poeta anterior en sus hallazgos incardinados en el *dolce stil nuovo*), además de figuras tan precoces como él, que forman parte también de la primerísima línea, como Boccaccio (del que ya se dijo algo, junto a Chaucer) o Petrarca. Sin embargo, abordemos las producciones del genial poeta florentino.

Primeras manifestaciones

El primer autor considerado como renacentista en la literatura universal es Dante Alighieri, nacido a finales del siglo xiii y fallecido en el siglo xiv. Su cronología nos demuestra que, mientras la estética medieval seguía generalizada, en Italia nos encontramos la renovación renacentista, cuyo espíritu es la recuperación de los clásicos grecolatinos. En realidad, no podemos hablar de Italia *stricto sensu*, sino de estados independientes en la península itálica, pues no se considera un país entendido como tal hasta el siglo xix, con la reunificación. Así, Dante supone tanto la culminación del *dolce stil nuovo* —entendida como corriente prerrenacentista— como su desbordamiento, en la conquista de la idealización de la amada: Beatrice. El propio autor reconoce su temprano enamoramiento (a los nueve años) de esta muchacha, que morirá a los veinticinco años de edad, en la *Vita Nuova*, aunque no sabemos si Beatrice realmente existió o fue la Dulcinea (perdónese el anacronismo en virtud de su clarividencia) de Dante. Lo que sí está claro es que fue un evidente elemento vertebrador de su obra, ya que, además de aparecer en la *Vita Nuova* (obra inserta aún en la tendencia prerrenacentista; una autobiografía en prosa en la que se incluyen algunos pasajes líricos para contarnos cómo conoce a Beatrice Portinari, cómo la pierde a los veinticinco a causa de una epidemia de peste y cómo se convierte en su amada y enemiga), es quien guía al poeta en el paraíso de la *Divina Comedia*, su obra culmen y una de las manifestaciones literarias más importantes de la humanidad. En la *Vita Nuova*, cuya estructura responde al nacimiento del amor (ocasionado por Beatrice), la muerte de la amada y la aparición de otra mujer (con el mantenimiento de la fidelidad incondicional a la primera y única), nos deja un retrato poético de Beatrice paradigmático:

Lleva en sus ojos al amor sin duda
la que embellece todo lo que mira;
y tal respeto su presencia inspira,
que el corazón le tiembla al que saluda.

Dobla él la faz que de color se muda
y sus defectos al sentir suspira;
huyen ante ella la soberbia e ira;
¡oh bellas, dadme en su loor ayuda!

Toda dulzura, toda venturanza
nace el alma del que hablar la siente;
mas, si en sus labios la sonrisa brilla,

se muestran tal, que ni la lengua alcanza
nunca a decir, ni a comprender la mente
tan nueva e increíble maravilla.

Recogido en los *Sonetos italianos*

Tal y como puede comprobarse, la amada constituye una suerte de divinidad, un absoluto cuya contemplación supone la perfección; deviene una abstracción que se identifica con el mundo de las ideas platónico, máxima aspiración humana.

Dante y la *Divina Comedia*

Pero es la *Divina Comedia*, como anticipábamos, la que inmortaliza a Dante en la literatura universal (no en vano, es uno de los libros más traducidos). Es una obra escrita en toscano y distribuida en tercetos encadenados que dan cuenta, en una división tripartita —articulada, a su vez, en cantos—, del infierno, del purgatorio y del paraíso, respectivamente. Se trata de un poema épico-alegórico-teológico en el que el poeta compila el saber de su época —no olvidemos la apabullante erudición de Dante, enraizada en el humanismo—, reconoce sus pecados y aspira a la virtud. Las desgarradoras escenas descritas en el infierno, ante las que el protagonista se hace acompañar de Virgilio quien representa tanto el renacer de lo clásico como el cicerone para alcanzar la divinidad tras la vida de ultratumba, y que le acompañará también en el purgatorio. En el paraíso, en cambio, su acompañante será Beatrice, ya que Virgilio es pagano), han lexicalizado cualquier situación susceptible de despertar horror como *dantesca*:

Sobre ella vi en un punto alzarse prestos
tres sangrientos espíritus fatales,
con miembros de mujer, actos y gestos.

Hidras verduscas forman sus cendales,
largas cerastas son sus cabelleras,
sierpes ornan sus sienes infernales.

Y él, que conoce bien las mensajeras
de la negra mansión que Dios maldijo:
«Mira, allí salen las Erines fieras:

Megera es a la izquierda el ojo fijo;
Aleto, aquella de llorar rabioso;
la del medio es Tisífone», me dijo.

Hundíanse en el pecho sanguinoso
las uñas, entre aullidos y golpeo;
tanto, que al vate me estreché medroso.

La Divina Comedia
Dante Alighieri

Sin embargo, esta obra genial no solo presenta detalles atroces y descripciones grotescas, sino que también luce lo bello y aparece la dulcificación. De la región de los condenados a la de los dichosos, pasando por la de los que sufren contentos, se nos plantea —entre una abundancia de retoricismo— una interpretación cosmológica desde la divinidad. Al final, se presentan tres círculos (el número tres, como correlato del misterio de la Trinidad, resulta esencial en la construcción de esta obra tripartita de treinta y tres cantos compuestos en tercetos); uno de ellos representa la encarnación de Dios, en este viaje alegórico que dibuja el trayecto recorrido por el alma hasta Dios. Sin duda, nos encontramos ante una obra que ha estremecido y sigue estremeciendo por la fuerza de sus imágenes, tal y como atestiguan *El mapa del Infierno* de Botticelli; las sublimes pinturas del romántico William Blake, más de cien (en distintas fases de ejecución), que demuestran su obsesión hacia esta obra maestra; el cuadro *Barca de Dante* del también romántico Eugène Delacroix o el primer largometraje italiano, *L'Infierno*, estrenado en 1911 y dirigido por Francesco Bertolini, Giuseppe de Liguoro y Adolfo Padovan; una película muda inspirada en la primera parte de la *Divina Comedia* y llena de efectos especiales, tanto cinematográficos como teatrales, que nos introducen extraordinariamente en el ámbito de lo metafórico encadenado en la alegoría.

El magisterio de Petrarca

En cuanto a Francesco Petrarca, hay que señalar su indiscutible magisterio como poeta de poetas durante generaciones, entre los que, por supuesto, se cuenta

Garcilaso de la Vega (recordemos, verbigracia, cómo los pastores de sus *Églogas* se dirigen a sus amadas tanto en vida como en muerte, inspirados por el petrarquismo, como veremos enseguida). Este carácter de referente se lo ha granjeado por la composición de su *Canzoniere,* una colección de poemas con una clarísima división bipartita que canta a su amada, *Rime in vita* y *Rima in morte di madonna Laura*, y que se acomoda ya a la estética renacentista. Aunque el propio autor consideró esta obra como menor en su producción (creía de más entidad la que escribió en latín), es la que hoy en día le identifica, junto a los *Triunfos* —eclipsados por el *Canzionere* tanto entre los lectores como entre los críticos—, que son seis concretamente (del Amor, la Castidad, la Muerte, la Fama, el Tiempo y la Divinidad) y que resultaron muy influyentes en la novela sentimental desde el siglo xv.

Antes de abordar la lírica renacentista en otros países, conviene mencionar los nombres de los poetas italianos Pietro Bembo, influyente y destacado autor que refleja la concepción platónica del amor y la idealización; Poliziano y su marcado paganismo, o Lorenzo de Médicis, poeta y político en la esplendorosa Florencia.

Lírica renacentista en Francia

En cuanto a Francia, hay que destacar a los poetas agrupados bajo el marchamo de la Pléyade, entre los que sobresalen Ronsard (considerado poeta del amor en una concepción inseparable de la idea de fugacidad del tiempo e inmortalizado por Antonio Machado en un poema que dedica a Rubén Darío) y Du Bellay (del que destacan *Los lamentos*, una obra en la que el autor expresa su estado personal ruinoso al contemplar las ruinas romanas, con lo que supera cierta omnisciencia renacentista para anticiparse a un tono intimista que se desarrollará con posterioridad).

La épica renacentista

Sin olvidar que, además de la poesía lírica, la poesía épica renacentista gozó de bastante éxito. En este subgénero narrativo, conviene mencionar a los italianos Ludovico Ariosto (y su *Orlando furioso*, una obra inspirada en las novelas de caballerías que presenta un héroe enloquecido por los celos, en el que ya se descubre cierto tono paródico para con el discurso caballeresco crucial para entender *El Quijote*) y Torcuato Tasso (conocido por su poema épico *Jerusalén liberada*, en el que destacan las aventuras, el tono amoroso y la idealización), o al portugués Camoens y su obra *Os Lusíadas*, una exaltación de Portugal a modo de epopeya nacional clásica.

Otros géneros en prosa

Asimismo, es importante recordar que el humanismo trajo consigo el cultivo de ciertos géneros expositivos y de especulación intelectual, como los discursos, diálogos, sentencias o incipientes ensayos que supusieron el esplendor y la expansión de las ideas humanistas. En esta línea, conviene destacar figuras como las de Maquiavelo, quien nunca escribió ni pronunció que el fin justificara los medios, aunque sí habló de la necesidad de que un buen gobernante es el que tiene fortuna —ha de acompañarle la suerte— y *virtù*, esa capacidad para llevar hasta las últimas consecuencias sus planteamientos, o de la fortaleza deseable de un Estado, desvinculado de instancias que lo condicionen e impulsado tanto por la expansión como del unionismo hacia el interior. No en vano, Maquiavelo fue pionero en la recomendación de la unificación italiana para lograr la paz ciudadana, precedente de todo el interés para el posterior *Contrato social* de Rousseau. Su obra más conocida es *El Príncipe*, dedicada a Lorenzo de Médicis, su protector y, al parecer, esta fue una de las lecturas predilectas de Napoleón Bonaparte, responsable de la cita atribuida a Maquiavelo, o de Tomás Moro, inglés totalmente identificado con las preocupaciones humanistas sociales, didácticas y políticas, tal y como refleja en *Utopía*, un estado ideal frente a las injusticias e imperfecciones; un no lugar —de ahí *utopos*— con un gobernante sin ciudadanos (*ademos*), y un río sin agua (*anhidros*) que plantea un proyecto crítico y que reprehende los sistemas conocidos para fabricar una isla inspirada directamente en *La República* de Platón, como corresponde a un humanista del Renacimiento en su recuperación de los clásicos.

No hay que olvidar tampoco la definitiva influencia de su *Utopía* en la literatura posterior, incluso en forma de distopía, como en los casos de *Farenheit 451*, de Bradbury, y su abolición del pasado y de la cultura; de *Un mundo feliz*, de Huxley, y los intereses políticos como demiurgo, así como el exceso de tecnificación, y de *1984*, de Orwell y su reflexión sobre el centro del poder. Estas novelas, como la de Moro, utilizan la narración ficticia para la profunda crítica intelectual que advierte, como el humanista, acerca de los peligros de las ideas absolutas y de su facilidad para convertirse en totalitarismos.

Erasmismo y humanismo

Pero si hay un humanista ilustre a finales de la Edad Media es Erasmo de Rotterdam, estandarte de la tolerancia y del pacifismo, célebre por su *Elogio de la locura*, un término absolutamente erróneo, pues el propio autor, en su obra, distingue la locura de la necedad, para elogiar, en verdad, esta última como fuente que nos ofrece los auténticos placeres y la felicidad al alcance. Desde su rebosante sabiduría, Erasmo le dedica esta obra de denuncia contra la ceguera y el fanatismo a Tomás Moro, su gran amigo. Además, nos dejó sus *Adagios*, escritos sentenciosos cuya actualidad demuestra la modernidad de este pensador adelantado a su tiempo. Con ellos, trata de denunciar la hipocresía, alertar del absurdo y referir la realidad sin máscaras desde el espíritu de la paremia «in silvam ligna ferre»; este 'llevar leña al bosque' constituye uno de los muchos que insisten en los esfuerzos vanos, sin olvidar otros como «más vale prevenir que curar», «Dios ayuda al que se ayuda a sí mismo» o «una golondrina no hace verano», de validez universal.

Por su parte, Baltasar de Castiglione, con *El cortesano* (traducido célebremente por Juan Boscán a instancias de Garcilaso), nos presenta el ideal de vida renacentista, que propugna un hombre de armas y de letras, capaz de conversar con las damas y de tañer algún instrumento. Se trata de un conjunto de diálogos que intercambian diferentes personajes de la época, entre ellos el poeta Membo o el Aretino. La influencia de este libro es innegable, así como su capacidad teórica para definir el modelo de caballero de aquel momento.

En este apartado de prosa humanista y renacentista, resulta esencial la figura de Montaigne, relacionada directamente con el génesis del ensayo como género literario, que constituye un ejemplo especialmente llamativo, puesto que muestra cierto espíritu pesimista para su época y encabeza una insólita modernidad con la introducción en el discurso del «yo vital», incardinada en una prosa natural —explicable desde la estética renacentista— que evita la afectación y la impostura. De suerte que la subjetividad de Montaigne deviene caldo de cultivo excepcional para el racionalismo cartesiano barroco.

El humanismo, por tanto, nos trae no solo la idea estatuida de biblioteca, sino la devoción por los libros, la exaltación del conocimiento escrito, la comunicación entre saberes y la crítica literaria. Sin duda, esta actitud humanista servirá de inspiración al espíritu ilustrado posterior y a su empresa enciclopédica.

Y, ya inmersos en la prosa, es momento de abordar la narrativa que no utiliza el verso, como acontece con el caso de la épica. En este sentido, hay que recordar varias tendencias narrativas y el predominio de una perspectiva idealizada, tanto la novela pastoril —que, además suele mezclar verso y prosa— en el caso de *La Arcadia* de Sannazaro y en las novelas de caballería (el *Amadís de Gaula* de Garci de Montalvo, por ejemplo) como la novela bizantina, morisca o novela corta italiana.

Orígenes de la novela moderna

Contra esta corriente, surge una novela de corte realista que pivota en la verosimilitud para generar la novela moderna, caracterizada por la heterología y la heterofonía, características que le debemos al gran teórico ruso Mijaíl Bajtín y que suponen el reflejo de diferentes visiones o concepciones del mundo y el hecho de que aparezcan diferentes voces en función del personaje que intervenga, respectivamente. Esta tendencia, que parece responder estéticamente a un agotamiento de las fórmulas idealizadas y que encuentra sus orígenes de manera singular en *La Celestina*, responde a la novela picaresca (surgida en España con el *Lazarillo de Tormes* y con enorme repercusión en la narrativa europea, sobre todo a partir del siglo XVIII) y fue continuada por *La Lozana andaluza* para desembocar en el magistral *Quijote* de Cervantes, ya a caballo entre el renacimiento y el barroco.

Y, si *El Quijote* es un torrente verbal y de ingenio, para cerrar el Renacimiento, conviene abordar la figura del francés François Rabelais y su *Gargantúa y Pantagruel*, un conjunto de cinco libros cuyos títulos nos sitúan directamente en un tono burlesco, paródico y satírico del estilo que frecuentaban tanto las novelas de caballería de la época como los tratados sobre historia (*Las hazañas y hechos horribles y espantosos del muy renombrado Pantagruel Rey de los Dipsodas, hijo del gran gigante Gargantúa*; *La muy horripilante vida del gran Gargantúa*; *El tercer libro de los hechos y dichos heroicos del noble Pantagruel*; *El cuarto libro*; *El quinto y último libro de los hechos y dichos heroicos del buen Pantagruel*, de discutida atribución a Rabelais, en todo o en parte).

Las vicisitudes desmesuradas de estos gigantes (padre e hijo) preconizan la celebración de la vida y la alegría desde una cosmovisión renacentista en un perfecto maridaje entre realidad y fantasía, y nos han dejado el adjetivo *pantagruélico*, para comidas copiosas y banquetes desmesurados, además de unos magníficos e imaginativos grabados de Gustave Doré. Es una obra que persigue, ante todo, provocar la risa en los ámbitos

Grabado de Gustave Doré que representa al gigante Pantagruel

del exceso, sin renunciar a la sabiduría de un hombre típico ya del Renacimiento:

> Aún no había terminado de pronunciar estas palabras, cuando Gargantúa entraba en el salón del banquete. Todos se pusieron de pie para rendirle pleitesía y Gargantúa, una vez que hubo saludado con su característica amabilidad a todos los concurrentes, dijo:
>
> —Amigos míos: os ruego encarecidamente que no dejéis vuestros asientos ni vuestras razones. Acercadme una silla a este extremo de la mesa y dadme algo para beber en vuestra compañía. Y ahora decidme: ¿sobre qué punto versaban vuestras palabras?
>
> Pantagruel le respondió que se hallaban tratando una cuestión planteada por Panurgo: la de saber si se debía casar o no, y que tanto el padre Hipotadeo como el maestro Rondibilis habían evacuado ya

sus respuestas. En el momento en que él entraba, respondía el fiel Trouillogan, quien, cuando Panurgo le había preguntado: «¿debo casarme o no?», respondió: «las dos cosas a un tiempo» y, al preguntárselo por segunda vez: «Ni lo uno ni lo otro». Panurgo se hallaba confuso ante tan contradictorias respuestas y aseguraba que no entendía su finalidad.

—Me parece —dijo Gargantúa— que yo sí la entiendo. Tal respuesta es parecida a la de un anciano filósofo, quien, interrogado sobre si tenía alguna mujer, contestó: «La tengo, pero no me tiene. La poseo, pero no me posee».

—Tal respuesta recuerda —agregó Pantagruel— la que cierta espartana caprichosa dio cuando le preguntaron si alguna vez había hecho algo con un hombre, pues contestó que nunca, pero que eran varios los hombres que habían hecho algo con ella.

—Será bueno, entonces —agregó Rondibilis—, que mantengamos nuestra neutralidad en medicina y el término medio en filosofía, por participación de una y otra extremidad, por abnegación de ambas y mediante la división del tiempo dedicado tanto a la una como a la otra.

El Quijote como gozne entre el Renacimiento y el Barroco

Sea como fuere, *El Quijote* se convierte en el mejor intersticio para transitar desde la idealización renacentista hasta el (des)engaño de los sentidos barroco. Y es que, en la literatura universal, nos encontramos con tres autores que conforman la bisagra, los intersticios que comunican el Renacimiento con el Barroco: Félix Lope de Vega Carpio, Miguel de Cervantes y William

Shakespeare. A nuestro juicio, es muy importante considerar el paso de una estética a otra a modo de *continuum* y no de absoluta confrontación, ya que, al fin y a la postre, el Barroco tiende a exacerbar los hallazgos renacentistas, tal y como trataremos de mostrar y demostrar en el siguiente capítulo.

5

La literatura del desengaño al engaño de los sentidos y viceversa: el Barroco

La crisis barroca

Para abordar este profundo período de crisis en múltiples ámbitos, resultan especialmente iluminadores unos versos insertos en un soneto de carácter satírico, obra de los hermanos Argensola, Lupercio y Bartolomé:

A una mujer que se afeitaba[1] y estaba hermosa

Yo os quiero confesar, don Juan, primero,
que ese blanco y color de doña Elvira
no tiene de ella más, si bien se mira,
que el haberle costado su dinero.

[1] En la acepción, hoy en desuso, de «componer o hermosear con afeites el rostro u otra parte del cuerpo» (RAE).

Pero, tras eso, confesaros quiero
que, es tanta la beldad de su mentira,
que en vano a competir con ella aspira
belleza igual en rostro verdadero.

Así ¿qué mucho que yo perdido ande
por un engaño tal, pues que sabemos
que nos engaña así Naturaleza?

Porque ese cielo azul que todos vemos,
ni es cielo, ni es azul: ¡lástima grande
que no sea verdad tanta belleza!

Hacia otra cosmovisión en el ámbito de lo dionisiaco

Esta exaltación de la belleza nacida del artificio, así como el hecho de desvincularla de la verdad, supone contravenir el espíritu neoplatónico del Renacimiento, que identificaba la belleza tanto con la naturalidad como con la idea de verdad y bondad. Además, aparece un auténtico cuestionamiento de los sentidos y, por lo tanto, de nuestra relación con el mundo, cuya percepción pivota en la duda sistemática y en la fusión de contrarios.

El término con el que se denomina este período artístico y literario también se encuentra revestido de ambivalencia y contradicciones, aunque sí parece haber una concepción común en su origen despectivo. Bien desde el silogismo escolástico, como embrollo mental que promueve lo engañoso, bien desde el ámbito de la joyería como piedra irregular, a pesar de que se incide en lo despectivo, se ponen de manifiesto la dilogía, lo bifronte, la dualidad simultánea, el claroscuro, la antítesis, la paradoja y el oxímoron. Y, aunque no hay una oposición frontal entre el Renacimiento y el Barroco, sí resulta evidente que este movimiento que transcurre entre los siglos XVI y XVII, según los casos, supone un movimiento pendular hacia lo dionisiaco respecto al equilibro apolíneo renacentista.

Desde luego, percibimos un tránsito del optimismo vital al desengaño, cierto pesimismo existencial, de la luminosidad idealizadora al escepticismo y las dudas de la oscuridad. La obsesión barroca por lo aparencial desemboca de manera natural en la particular visión de la vida como un teatro en el que cada uno desempeña su papel de la mejor manera que puede; así, tienden a fundirse para confundirse ficción y vida, ilusión y realidad.

Esta crisis respecto a la propia existencia viene avalada por un contexto histórico convulso marcado por la guerra de los Treinta Años, por guerras civiles, por los intentos de reformas religiosas y la respuesta contrarreformista, por las monarquías absolutas, por las hambrunas y por la decadencia de España como potencia esencial de Europa. Ciertamente, el Barroco responde a la profunda crisis con manifestaciones artísticas y literarias de primer orden, especialmente relevantes en Inglaterra, Francia o España (y conlleva el nacimiento de sus respectivos teatros nacionales), aunque también mostraremos, siquiera someramente, su incidencia en otros países como Alemania, Italia o Portugal, entre otros.

La brillantez literaria se acompaña de una complejidad que parece indagar tanto en la naturaleza de la obra artística como en la exploración de la originalidad, que conduce a sus autores a experimentar con la forma y con la lengua literaria en la búsqueda del lucimiento, cuyo afán de deslumbramiento puede conducir al exceso, a lo grotesco, a la sobreabundancia, a lo onírico o, incluso, al feísmo. Esta capacidad para desdibujar los límites entre lo ficticio y lo real potencia lo ilusorio de los sueños como apariencia de realidad y como territorio de indefinición de la supuesta o fingida existencia humana.

En esta línea, se expresa Pedro Calderón de la Barca con *La vida es sueño*, desde una óptica de sombrío pesimismo en la que el sueño se interpreta como algo ilusorio, efímero, engañoso e identificable con una existencia en *mise en abyme* de la que despertaremos en el momento de nuestra muerte. También el sueño se identifica con la persona en la sublime obra shakespeariana, enraizada en el carácter ficticio de nuestra vida: «estamos hechos del mismo paño con que se tejen los sueños», como se afirma en *La Tempestad*, la última obra teatral del Bardo de Avon antes de retirarse del mundo de los escenarios. De igual manera, la realidad entra en perfecta crisis con *El Quijote* para habitar los dominios de lo ilusorio y de la subjetividad del multiperspectivismo.

La subjetividad también fue abonada, como no podía ser de otra manera, por el mismísimo Hamlet: «there is nothing either good or bad, but thinking makes it so», para referirse al hecho de si Dinamarca puede ser o no una prisión; desde luego, para él sí lo es.

Barroco y fingimiento. Genios

Curiosamente, Cervantes y Shakespeare, Shakespeare y Cervantes nos han dejado una última voluntad barroca, ilusoria y fingida: la celebración internacional del día del libro el 23 de abril en honor al día del fallecimiento de ambos en 1616. Pues bien, ni uno ni otro lo hicieron, al parecer, ese día, ya que, en el caso de William, podemos decir que murió el 23 de abril, pero del calendario juliano y no del gregoriano, por lo que la fecha auténtica respecto al calendario vigente actual sería la del 3 de mayo. Cervantes fue enterrado, efectivamente, el día 23; sin embargo, falleció el 22. Así las cosas, el juego de espejos barroco, el engaño de los sentidos, nos deja una última voluntad: el sábado 23 de abril de 1616 solo falleció, de los tres escritores que menciona la propia Unesco, el Inca Garcilaso de la Vega (en realidad, Gómez Suárez de Figueroa); ni Cervantes, ni Shakespeare.

Además, sobre estos dos genios recae otra fantasmagoría barroca, concretamente, en los malhadados don Quijote y Hamlet, debido a que al primero se le han adjudicado las tergiversadas palabras de «deshacer entuertos» y, al segundo, se le han atribuido sus famosas palabras «to be or not to be» frente a una calavera sostenida por su mano. El hecho es que ambas son falsas, porque lo que Cervantes pone en boca de don Quijote es «enderezar entuertos (o tuertos) y deshacer agravios» (única posibilidad lógica, ya que lo tuerto es lo torcido y ha de ser enderezado) y Shakespeare le hace proferir las palabras de marras a Hamlet (quizá más con la conciliación barroca de contrarios y no tanto como disyuntiva, es decir, ser y no ser); pero la escena de la calavera corresponde a otro momento de la obra, en el que un sepulturero recoge una calavera en la que Hamlet reconoce a Yorick, el bufón que entretuvo su infancia, lo que despierta en él un auténtico discurso del *tempus fugit* y del *memento mori*. Las apariencias del barroco y sus juegos especulares, pues, no conocen límites.

La creación de los teatros nacionales

Con todo, la llegada del Barroco se certifica desde la transición del Renacimiento y constituye el detonante esencial para la creación de los teatros nacionales en España, Francia e Inglaterra, aunque con diferentes modos de proceder. Mientras que Lope o Shakespeare (y, por añadidura, Tirso de Molina o Calderón de la Barca) plantean sus obras teatrales desde la fluidez de la ruptura con el corsé clásico de las tres unidades, en el caso de Molière, la creación del teatro nacional francés pasa por una reacción contra los presupuestos barrocos y por una anticipación del Neoclasicismo, que promueve los patrones clasicistas, incluso en la observación del mantenimiento de los subgéneros dramáticos y de sus correspondientes convenciones.

Estas singularidades de los teatros nacionales encuentran su correlato en los espacios físicos en los que las obras se representaron. Así, encontramos concomitancias entre los corrales de comedia españoles y las posadas en las que se escenificaron las obras inglesas, ya que la ambientación popular dejó huella en sus concepciones, así como ciertas reiteraciones, síntesis llevadas a cabo por los personajes o adornos verbales para suplir la escasez de medios para representar paisajes. Rectangulares o circulares y hexagonales, se trata de unos escenarios que impregnan las obras de aliento popular y que tienden tanto a la mezcla de elementos como a desbordar las reglas clásicas de las tres unidades (una sola acción, un solo tiempo y un solo espacio) en virtud de ofrecer al público lo que desea de manera libérrima, sin las ataduras de las clasificaciones inflexibles. A pesar de que la distribución del público y la concepción de la fiesta teatral es muy similar, también existen claras diferencias, como la presencia de la sangre en escena, el carácter claramente trágico de algunas obras inglesas (junto con su carácter visionario más cinematográfico) o cierta densidad intencional, que en el teatro español llegará más en el segundo ciclo (con el teatro de Calderón).

Por otra parte, conviene recordar que, mientras el teatro inglés prohibió expresamente la presencia de la mujer en la escena de los Siglos de Oro, en el teatro español esta prohibición se decretó durante un año (desde junio de 1586 hasta noviembre de 1587) en el que se documentan, además, representaciones femeninas al margen de la norma, como ha constatado Lola González, recogidas en las actas del XVI Congreso de la Asociación Internacional de Hispanistas.

En todo caso, el teatro estable que terminará constituyendo los teatros nacionales presenta orígenes ambulantes de cómicos de la legua e influencias de la concepción teatral de la Commedia dell'Arte italiana, de tradición carnavalesca y fórmulas fijas que buscaban la repentización improvisada. Además, se caracterizaba por presentar arquetipos de personajes, tanto masculinos como femeninos, pues no existía la prohibición para mujeres actrices, como el del anciano tacaño (don Pantaleón o don Pantalón), el viejo verde (El doctor), el bufón (Brighella), el criado simple (arlequín), el soldado cobarde (capitán), el otro criado simple (Polichinela), la joven enamorada (Rosaura) o la pareja de Arlequín (Colombina). Este teatro de raigambre popular incidió directamente en las obras de Lope, de Shakespeare o de Molière. La apuesta lopesca pasó por romper con las concepciones clásicas del teatro y su respeto a las tres unidades (espacio, tiempo y acción unitarios) y proponer un tipo de teatro que gustase al público, tal y como dejó reflejado en su *Arte nuevo de hacer comedias en este tiempo*:

Mas ninguno de todos llamar puedo
más bárbaro que yo, pues contra el arte
me atrevo a dar preceptos, y me dejo
llevar de la vulgar corriente, adonde
me llamen ignorante Italia y Francia;
pero, ¿qué puedo hacer si tengo escritas,
con una que he acabado esta semana,
cuatrocientas y ochenta y tres comedias?
Porque, fuera de seis, las demás todas
pecaron contra el arte gravemente.
Sustento, en fin, lo que escribí, y conozco
que, aunque fueran mejor de otra manera,
no tuvieran el gusto que han tenido,
porque a veces lo que es contra lo justo
por la misma razón deleita el gusto.

Además de su peculiar fórmula, basada en agradar al público en sus gustos, esta obra nos deja testimonio de las muchísimas obras teatrales que este Fénix de los Ingenios llegó a componer. Su fórmula se convirtió en un auténtico éxito, en cuyo hallazgo profundizaría Tirso de Molina e intensificaría, ya en el segundo ciclo del teatro barroco español, Pedro Calderón de la Barca. Este éxito se basó en la mezcla de lo trágico y lo cómico

Calle dedicada a la figura de Lope de Vega

(que dio como resultado que se hablase de comedias en general, término aplicable ya a cualquier obra representada, y que el contenido serio se equilibrase mediante el personaje del gracioso) y la distribución de las obras en tres actos, que facilitaban la comprensión a los espectadores (puesto que coincidían con el planteamiento, el nudo y el desenlace).

Las obras se escribían preferiblemente en versos octosílabos, aunque también aparecen tanto los endecasílabos como otros versos (adaptados al contenido que expresan), tienen un lenguaje ajustado al decoro y a la condición de cada uno de los personajes, pocas acotaciones, un final feliz y unos personajes arquetípicos (el rey, el caballero, el galán, la dama, el gracioso, el villano, etc.). Entre los tres actos de la fiesta teatral, se incluyen piezas breves (géneros teatrales menores como la loa, el baile, la jácara, la mojiganga o el entremés).

Aunque entre su vasta producción es difícil entresacar las más importantes, sí podríamos destacar *Peribáñez y el comendador de Ocaña, El caballero de Olmedo, Fuenteovejuna, El castigo sin venganza, El perro del hortelano, La dama boba, La buena guarda o El laberinto de Creta.* En sus producciones, se ha hablado muy a menudo de la presencia de arquetipos, de personajes que no presentaban ni profundidad psicológica ni evolución de ninguna clase, sino que respondían al cliché del grupo al que representaban.

Este extremo vendrá a solventarse en primera instancia con el teatro de Tirso de Molina (fray Gabriel Téllez), quien propone de manera especial la hondura en el carácter, comportamiento y evolución de los personajes femeninos y quien refleja por vez primera, y para la posteridad de validez universal, el mito del don Juan que hemos exportado de manera generalizada a lo largo y ancho de los tiempos a través de todos los lenguajes artísticos posibles (cine, literatura, música, pintura, etc.). La lista de ilustres continuadores de este mito que arranca con *El burlador de Sevilla* es extensa, pero resultan especialmente llamativas las personalidades de Molière, Mozart o, en España, Espronceda y Zorrilla, sin olvidar los insignes continuadores que llegan a nuestros tiempos.

Pero, sin duda, el más destacado seguidor de Lope, que constituye un auténtico ciclo teatral nuevo, es Pedro Calderón de la Barca, un dramaturgo genial que llega a alcanzar tal profundidad en la construcción de sus personajes que los convierte en símbolos. Segismundo, en *La vida es sueño*, se identifica perfectamente con el *Hamlet* shakespeariano, sobre todo en su capacidad para diluir las fronteras entre realidad y ficción y para convertir la duda en una auténtica fuente de conocimiento. Sin embargo, aunque las tragedias calderonianas se han convertido en ejemplo paradigmático, no debemos obviar estupendas comedias como *La dama duende* o *No hay burlas con el amor*, en las que presenta un fantástico manejo del verso.

William Shakespeare y Molière

En cuanto a los otros creadores del teatro nacional, conviene resaltar las figuras de William Shakespeare como el mejor creador de personajes trágicos y a Molière (Jean-Baptiste Poquelin) como el más insigne hacedor de caracteres cómicos.

El primer autor nos sitúa en el teatro isabelino inglés (ya que coincidió con el reinado de Isabel I, aunque continuó con los de Jacobo I y Carlos I, hasta 1649), del que forma parte, junto a sus predecesores Thomas Kyd, Cristopher Marlowe y Ben Jonson, sin los que no podría comprenderse la obra del inglés más internacional, uno de los genios más reconocidos de todas las épocas. En realidad, el teatro shakesperiano presenta una estética entre renacentista y barroca, en parecidos términos a *El Quijote* cervantino, concebido desde un gozne manierista que corrobora la falta de oposición entre el Renacimiento y el Barroco para avalar más bien su continuidad, su gradación en intensidad por acumulación. Además, el teatro de Shakespeare se caracteriza, como el teatro nacional

español, por la mezcla de géneros, a pesar de que mantuvo una separación entre las comedias y las tragedias (sin embargo, hay que recordar que *La tempestad* es una muestra tragicómica o que en *El rey Lear*, con la locura del protagonista y las intervenciones del bufón, la tragedia presenta visos de comicidad).

Son muchas las innovaciones que supuso el teatro isabelino; entre otras, renovó el verso al mantener la medida, pero liberarlo de la rima, lo que confirió una mayor libertad y naturalidad a los diálogos (lo introduce Cristopher Marlowe y William Shakespeare lo lleva a sus cotas más altas). Además, dinamizó la sucesión de escenas desde una concepción vanguardista que recuerda a la modernidad del cine en su tratamiento del tiempo, mezcló personajes nobles con plebeyos, alternó el verso con la prosa, creó personajes poliédricos que evolucionan con el devenir, llenos de vida (ello se debe, en gran medida, a la renuncia de las

Interior del Globe Theatre

reglas clásicas) y releyó de manera innovadora a los clásicos, tomando de manera moderna temas sociales e infringiendo tabúes relacionados con la locura, el sexo o la muerte.

Por otra parte, sería imposible entender la comedia de intriga inglesa, tan importante en el teatro isabelino, sin el concurso de las obras hechas al alimón por Francis Beaumont y John Fletcher, cuyas contribuciones sentaron las bases de este subgénero dramático esencial en el teatro isabelino. Asimismo, otra de las innovaciones dignas de mención es la del teatro dentro del teatro, una técnica cargada de autoironía que Shakespeare, con *Hamlet*, llevará a su máxima expresión. Toda esta etapa esplendorosa del teatro se convirtió en un entretenimiento permanente al establecerse los grandes teatros públicos: The Theatre, Curtain Theatre, The Rose o el famosísimo The Globe Theatre. Se trata de teatros de clara inspiración popular que presentan una absoluta similitud con los corrales de comedias españoles.

Sin duda, William Shakespeare es el gran representante de este tipo de teatro y su autor más universal. De familia acomodada de comerciantes, tercer hijo de ocho y único varón, casó a los dieciocho años con una mujer ocho años mayor (Anne Hathaway) con la que tuvo tres hijos: Susanna y los dos mellizos (Hamnet, fallecido por acusas desconocidas a los once años, y Judith). Pudo tratarse de un matrimonio forzado por el posible embarazo de Anne, aunque no podemos asegurarlo. En todo caso, sí parece un matrimonio mal avenido (a juzgar, entre otros ejemplos, por las declaraciones testamentarias del propio William), cuyas explicaciones han venido encontrándose en los rumores de su posible homosexualidad.

Poco después de casarse, comenzó su intensa relación con el teatro, en el que desempeñó todos los papeles posibles (actor, autor y empresario). Se consagró pronto, obtuvo pingües beneficios y formó parte de la compañía más prestigiosa del momento: los King's Men. Representó numerosas obras en el Globe Theatre, del que llegó a ser propietario y damnificado por el incendio que lo consumió, junto a la obra teatral de *Cardenio*, inspirada en la inmortal obra cervantina, de la que no nos ha llegado nada —para nuestra desgracia— y que se atribuyó al Bardo de Avon.

Desde luego, llama la atención que estrenara *Hamlet* con tan solo treinta y cinco o treinta y seis años, aunque algunos vinculan la creación de esta magnífica tragedia a la luctuosa y temprana muerte de su único hijo varón; y no solo porque se trate de una auténtica obra maestra, sino porque reúne los principales elementos que convirtieron a Shakespeare en un genio indiscutible. Está claro que sus personajes han encarnado ideas universales de validez atemporal; así, asociamos *Hamlet* a la duda, *Otelo* a los celos, *Macbeth* a la venganza, *El rey Lear* a la vejez y la locura, *Romeo y Julieta* al amor trágico, *El sueño de una noche de verano* a la superposición de fantasía y realidad, *El mercader de Venecia* a la avaricia, *Mucho ruido y pocas nueces* al enredo en las relaciones amorosas y al engaño, y un largo etcétera (resultan también muy llamativas sus obras inspiradas en la historia de la Antigüedad y de diversas épocas: *Julio César*, *Ricardo III*, *Antonio y Cleopatra*, etcétera).

Esta obra variada y excelsa tiene un profundo sentido universal que explica su permanencia indiscutible, además de su especialísimo tratamiento del lenguaje, a cuya producción habría que añadir sus ciento cincuenta y cuatro sonetos ingleses (en realidad, ciento cincuenta y uno, según Ramón García González, ya que son composiciones de tres cuartetos endecasílabos con rima independiente y un pareado final, y los otros tres responden a otros esquemas métricos) centrados ante todo en el tema amoroso (y según la crítica, dedicados a un varón), ejemplo de auténtico virtuosismo poético. Aun así, el reconocimiento como genio teatral le llegaría sobre todo a partir del Romanticismo. Tampoco hay que olvidar la increíble repercusión que todas ellas, en mayor o menor medida, han tenido en el mundo del celuloide (piénsese, verbigracia, en las adaptaciones de Kenneth Branagh, ya un clásico, en *West Side Story* —inspirada en *Romeo y Julieta*—; en *Ran*, una adaptación japonesa de *El rey Lear*; en *El mercader de Venecia*, protagonizado por Al Pacino, en el papel de Shylock, o incluso en *Shakespeare in Love*, inspirada en el propio genio).

Si William es magistral en la creación de personajes trágicos, Molière resulta único como creador de personajes cómicos. Su obra está inserta en una reacción clasicista que apenas permitió, en el teatro francés, la penetración de la desmesura barroca, aunque el desengaño o engaño de los sentidos, tan querido por esta estética, aparezca claramente en personajes transcendentales como el Tartufo. Por lo tanto, nos encontramos con un teatro que separa claramente la tragedia de la comedia incluso en sus convenciones formales (la primera, en verso; la segunda, también en prosa); con la observancia de la regla de las tres unidades, y con la organización distribuida en cinco actos y con la exclusión de todo tipo de excesos relacionados con las escenas de sangre o de aparato escénico complejo y recargado; todo ello en un espacio físico claramente diferenciado del español o del inglés, ya que el teatro clásico francés opta por los locales de juego de pelota, recogidos, rectangulares y ausentes de público popular.

En un teatro con estas características, surge la figura de Jean Baptiste Poquelin (más conocido por su pseudónimo: Molière, motivado por «la falta de entusiasmo de su familia» ante la vocación teatral de Jean Baptiste), junto a la de Pierre Corneille y Jean Racine. Corneille es considerado como el máximo representante de la tragedia clásica francesa, con una propuesta de héroes morales llenos de grandeza y de gloria, como sucede con su obra más famosa: *El Cid*.

En cuanto a Racine, podemos señalar que sus obras giran en torno a la pasión y la fatalidad. De menor retoricismo que Corneille, pero quizá de mayor lirismo, se ajusta al clasicismo con propuestas como Fedra. Pero la figura más destacada del teatro francés de la época es Molière, soberbio hacedor de comedias.

Tempranamente, fundó su propia compañía, en la que, al parecer, siempre reservaba un papel para su amante. De esta manera, nos encontramos con un autor de obras que también hizo las veces de actor hasta sus últimas consecuencias, ya que, en la representación de *El enfermo imaginario*, y afectado de tuberculosis, fue recogido del escenario y murió poco después. Su gran objetivo era provocar la risa, y lo hizo con una crítica —un tanto superficial— a la burguesía, que era el público que presenciaba sus representaciones. Entre sus obras más conocidas, se encuentran *El Tartufo* (inspirada en *Marta la Piadosa* de Tirso de Molina, una crítica a la hipocresía religiosa), *El avaro*, *Don Juan*, *El misántropo* o *El enfermo imaginario*, con sus duras críticas a los médicos.

La muerte de Molière

El Barroco y sus (des)engaños originó una gran superstición alrededor de la muerte de Molière, pues el color con el que iba vestido en escena está considerado por los actores como un color maldito; lo curioso es que no se trata del mismo color en todos los países. Parece que en Francia es el violeta, pero en Gran Bretaña se habla del verde. En España, se le atribuye el color amarillo parace ser que por una mala traducción del color amaranto. O vestía los colores del arcoíris o se ha convertido en la anécdota por excelencia para el color que interese en cada caso.

Imagen de la adaptación de RTVE inspirada en *El enfermo imaginario*

A continuación, veamos un fragmento de *El enfermo imaginario:*

Argan:	La razón de que, encontrándome enfermo —porque yo estoy enfermo—, quiero tener un hijo médico, pariente de médicos, para que entre todos busquen remedios a mi enfermedad. Quiero tener en mi familia el manantial de recursos que me es tan necesario; quien me observe y me recete.
Antonia:	Eso es ponerse en razón. Cuando se discute pacíficamente, da gusto. Pero con la mano sobre el corazón, señor, ¿es verdad que estáis enfermo?
Argan:	¡Cómo, granuja! ¿Que si estoy enfermo?… ¿Si estoy malo, insolente?

ANTONIA: Conforme, señor; estáis malo. No vayamos a pelearnos por eso. Estáis muy malo, lo reconozco; mucho más malo de lo que os podéis figurar, estamos de acuerdo. Pero vuestra hija, al casarse, debe tener un marido para ella, y estando buena y sana, ¿qué necesidad hay de casarla con un médico?

ARGAN: Si el médico es para mí. Una buena hija debe sentirse dichosa casándose con un hombre que pueda ser útil a la salud de su padre.

ANTONIA: ¿Me permitís, señor, que os dé un consejo leal?

ARGAN: ¿Qué consejo es ése?

ANTONIA: No volváis a pensar en ese matrimonio.

ARGAN: ¿Por qué?

ANTONIA: Porque vuestra hija no consentirá con él.

ARGAN: ¿Que no consentirá?

ANTONIA: No.

ARGAN: ¿Mi hija?

Es muy difícil encontrar una sátira tan inteligente y creativa, un espejo tan mordaz de los vicios y costumbres de su época.

POESÍA Y NARRATIVA FRANCESA

También la poesía y la narrativa francesa de la época dieron sus mejores frutos en la reacción clasicista. En el primer caso, en transición, estos frutos se reflejaron en la poesía de Françoise de Malherbe o en el nacimiento del clasicismo como puente hacia el neoclasicismo y la Ilustración desde mediados del siglo XVII, cuyas principales producciones son las de La Fontaine (fundador de la fábula moderna, que él escribió en verso) y las del poeta y teórico Nicolas Boileau, con su *Arte poética* escrita en verso.

Respecto a la narrativa, debemos recordar la figura de Pascal y sus *Pensamientos* que, aunque quedaron incompletos, muestran una enorme profundidad acerca de lo divino y de lo humano (en lo que a su alma se refiere), así como el didactismo ético de autores como Fénelon o Bossuet, en el ámbito religioso. Este carácter didáctico conferirá una impronta que facilite el tránsito hacia la Ilustración. Como las reflexiones del duque de La Rochefoucauld, las novelas realistas de *madame* La Fayette, las descriptivas epístolas de *madame* de Sévigné o el género confesional del cardenal de o del duque de Saint-Simon. A lo anterior habría que añadirle las curiosas e imaginativas narraciones de Cyrano de Bergerac, convertido en un personaje teatral célebre, sensible y refinado, en el siglo XIX, por Edmond Rostand.

Por su parte, la poesía barroca inglesa se caracteriza sobre todo, en la transición del Renacimiento al Barroco, por los llamados poetas metafísicos: George Herbert, John Donne, John Milton y John Dryden. Estos poetas se alejan de las modas manieristas del momento y optan por una poesía reflexiva de contenido moral, atravesada por aspectos culturales de variada índole. Herbert, en El templo, propone la espiritualidad religiosa; Donne, destacado miembro del grupo, compuso excelentes poemas que trascienden e, incluso, dedicó uno a la muerte de la misma muerte, recordándole que no debe envanecerse (su obra suele dividirse en dos etapas en virtud de la temática: en la primera, los amorosos y satíricos; en la segunda, la profundidad religiosa); Milton, considerado como el mejor poeta barroco inglés, nos deja *Paraíso perdido*, cuya impronta resulta indiscutible en la literatura posterior, como se ve en las obras de William Blake, Mary W. Shelley o T. S. Eliot. La obra *Paraíso perdido* plantea el litigio entre el bien y el mal desde la recreación del génesis bíblico y la expulsión de Adán y Eva del paraíso por la caída en la tentación; polémico para algunos por su puritanismo, su *paraíso* constituye uno de los principales jalones de la literatura universal. Por último, Dryden anticipa la poesía ilustrada y sobresale, sobre todo, como poeta satírico, aunque también escribió teatro.

El Barroco en otros países europeos

En el barroco alemán, Hans von Grimmelshausen, primero, hubo de conocer las traducciones al alemán de *El Lazarillo* y de *El Guzmán de Alfarache*, tras lo que escribió, para inaugurar la picaresca alemana, una novela titulada *La pícara coraje*, inspirada en la picaresca española y con la interesante propuesta de una protagonista femenina que parece desempeñar un rol masculino (lo cual ha sido interpretado por la crítica tanto desde la misoginia como desde cierta liberación femenina, curiosamente), pareja del célebre Simplicissimus, entre otros muchos, y superviviente de la guerra de los Treinta Años. Por su parte, el Barroco italiano destaca sobre todo por la prosa de sus pensadores y científicos (Giordano Bruno, Campanella o Galileo Galilei) y por el asentamiento de la fórmula teatral de la *commedia dell'arte* surgida en el siglo XVI. Se trata de una concepción dramática basada en la repentización —de ahí que se la conozca también como *commedia all'improviso*— de unos personajes arquetípicos: Polichinela, Colombina, Arlequín, Scaramouche, El Capitán y Pantaleón. En cuanto al barroco en Portugal, el autor más destacado es Francisco Rodrigues Lobo, que escribió ciertas composiciones culteranas en castellano, la poesía épica de *El condestable* y novelas de tipo pastoril.

En definitiva, el Barroco es un movimiento estético que anticipa la modernidad cuando coloca al ser humano frente a su propio enigma, una suerte de realidad y ficción en *mise en abyme* desde el engaño o desengaño de los sentidos y la angustia vital.

6

El Siglo de las Luces enamorado secretamente de las sombras: Ilustración y Neoclasicismo

Luces y sombras de la Ilustración

El genial Eugenio Trías se refirió al crepúsculo del siglo XVIII como a un Siglo de las Luces enamorado secretamente de las sombras; una reflexión agudísima que puede aplicarse, en verdad, a todo el siglo y de manera paralela al encumbramiento de la razón. A pesar de que se nos presenta un espíritu dieciochesco exclusivamente racionalista y mesurado, no debemos olvidar que las últimas décadas del siglo se vieron sacudidas por la perversa figura del Marqués de Sade, profundamente moderna y, en general, injustísimamente olvidada en los manuales literarios panorámicos; tan extrema en el erotismo como en el rigor intelectual, como intentaremos demostrar más adelante. Pero ni es una figura aislada ni periclita exclusivamente en el siglo XVIII; de hecho, la literatura de tipo erótico y de alto valor artístico tiene su culmen en el devenir del supuesto Siglo de las Luces.

En realidad, no debería extrañarnos, ya que el espíritu dieciochesco se caracteriza por el interés holístico respecto de todos y cada uno de los ámbitos del conocimiento, por lo tanto, también el del erotismo. Además, el erotismo del siglo XVIII resulta inseparable de un discurso crítico contra el poder, debido a que suponía reivindicar el placer sexual, por lo que sus autores pretenden una transformación humana y promueven permanentes reformas sociales; de ahí que no resulten insólitos este tipo de escritos en autores como Diderot, La Fontaine, Mirabeau, Samaniego, Moratín, Iriarte, Cleland, etcétera.

Sin embargo, nadie puede negar el espíritu ilustrado del XVIII, que nació en Inglaterra (*Enlightenment*), contra lo que suele pensarse, pues ha cristalizado en Francia (*Siècle des Lumières*) y se ha irradiado —con desigual fortuna— a otros países (la *Aufklärung* en Alemania, el *Iluminismo* en Italia o la Ilustración en España, de carácter superficial y obsesión reformista). Hablamos de una concepción racional, empírica y científica, construida por el positivismo y el empirismo de John Locke y David Hume, los hallazgos en física y matemáticas de Isaac Newton, las propuestas de una economía moderna como las de Adam Smith o por la elaboración de la *Enciclopedia* que publicó Diderot, de la que se dirá algo después.

Todo ello se complementará con cierto agotamiento del absolutismo que, aunque mantendrá el poder absoluto del monarca, se verá amortiguado por el despotismo ilustrado, cuyo célebre lema reza: «todo para el pueblo, pero sin el pueblo», para aludir a una concepción más moderna de administrar el poder, capaz de mejorar las condiciones de vida de los habitantes y de difundir la educación enmarcada en el profundo espíritu reformista.

También se da una crítica al legado de la tradición, que dará como resultado estético el Neoclasicismo, una reacción contra el Barroco y sus excesos, una vuelta a los clásicos grecolatinos y una concepción de la literatura desde presupuestos aristotélicos que suponen un encorsetamiento de la libertad creadora, supeditada tanto a la mímesis o imitación de la realidad como al precepto de verosimilitud en su naturaleza verificable. A ello se le suma la intencionalidad de un profundo didactismo en la creencia de que la literatura sirve para educar a la población, para ilustrarla.

Es el siglo de las creaciones culturales de tipo institucional (academias, museos, etc.) y no podría comprenderse sin el concurso del pensador francés René Descartes, quien combate los excesos del Barroco desde su racionalismo cartesiano, un sistema de pensamiento que atribuye a la razón el auténtico conocimiento.

El enciclopedismo ilustrado

Así, el gran proyecto ilustrado será la *Enciclopedia*, un proyecto iniciado en Francia a mediados de siglo XVIII por Diderot, pensador, y D'Alembert, matemático, que constituye el mejor alegato contra la superstición en defensa del pensamiento crítico independiente de cualquier poder.

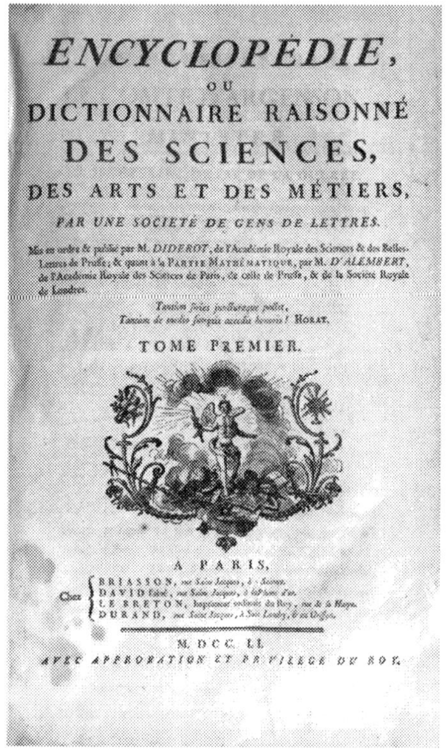

ENCYCLOPÉDIE,
OU
DICTIONNAIRE RAISONNÉ
DES SCIENCES,
DES ARTS ET DES MÉTIERS,
PAR UNE SOCIETÉ DE GENS DE LETTRES.

Mis en ordre & publié par M. DIDEROT, de l'Académie Royale des Sciences & des Belles-Lettres de Prusse; & quant à la PARTIE MATHÉMATIQUE, par M. D'ALEMBERT, de l'Académie Royale des Sciences de Paris, de celle de Prusse, & de la Société Royale de Londres.

Tantùm series juncturaque pollet,
Tantùm de medio sumptis accedit honoris! HORAT.

TOME PREMIER.

A PARIS,

Chez BRIASSON, DAVID l'aîné, LE BRETON, DURAND.

M. DCC. LI.
AVEC APPROBATION ET PRIVILEGE DU ROY.

Portada del primer tomo de *La Enciclopedia*

Por otra parte, obedece al deseo ilustrado de un conocimiento que abarque todos los ámbitos del saber y que los interrelacione; de alguna manera, se recupera la armonía renacentista entre los saberes y se reivindica la multidisciplinariedad desde la interdisciplinariedad, ya que *Enciclopedia* significa etimológicamente 'aprender en círculos', 'instrucción en círculo' o 'panorámica', pues proviene del griego *kýkloi paidéia*. Se trata de un saber organizado alfabéticamente en artículos elaborados por diferentes autores que pretenden tanto informar acerca de los diferentes extremos de las áreas del conocimiento como organizarlo de manera sistemática proponiendo su encadenamiento.

La mentalidad ilustrada

La Ilustración, además, sentará las bases que, a final de siglo, supondrán la caída del Antiguo Régimen y la llegada de la Revolución francesa en 1789. Entre estas bases se encuentra la defensa de la separación de los poderes del Estado por parte de Montesquieu (sin olvidar sus *Cartas persas*, que inauguran toda una fiebre ilustrada epistolar —recuérdense las *Cartas marruecas* de Cadalso—), la reivindicación de la tolerancia como valor humano esencial o la idea de la bondad humana defendida por Voltaire y conducida a su máxima expresión por Jean-Jacques Rousseau, que anticipa la sensibilidad romántica con la preeminencia de los sentimientos sobre la razón y con su *Contrato social*, cuyas ideas políticas influirían de manera determinante en la Revolución francesa. En todo caso, este espíritu se articuló en cuatro tendencias principales (posbarroquismo, rococó, neoclasicismo, prerromanticismo) y potenció sobremanera géneros literarios como la novela y el teatro (este último, desde luego, por su potencial didáctico, un ejemplo de enseñanza sobre las tablas), así como las fábulas y los ensayos, en detrimento de la poesía, que, por el contrario, sufre un claro retroceso. Todo esto unido al auge de la prensa escrita.

En este orden de cosas, podemos hablar de un auténtico auge novelístico que presentará diversas tendencias: didáctica, de aventuras, libertina o sentimental, todas de carácter moral generalmente. La novela de aventuras encontró especial resonancia en el caso inglés, hasta el punto de que resulta inseparable del nacimiento mismo de la novela moderna. Tal es el caso de Daniel Defoe y su *Robinson Crusoe*, que inaugura el célebre género de novelas de náufragos, una decidida apuesta a favor de la razón humana individual frente a la naturaleza. En esta alegoría de la propia existencia del autor, se nos presenta al náufrago Crusoe, superviviente durante veintisiete años en una isla que parece desierta —aunque, en realidad, hay caníbales—, acompañado por Viernes, su criado, en plena simbología del progreso en su vuelta a la civilización. La otra gran obra de Defoe —que tocó múltiples tendencias narrativas— es *Moll Flanders*, una novela picaresca de tono desenfadado que cuenta los esfuerzos de una joven huérfana por sobrevivir en un mundo repleto de dificultades (en la adaptación cinematográfica estrenada en 1996 destaca la interpretación de la protagonista, Robin Wright).

Algunos años después, el irlandés Jonathan Swift publica *Los viajes de Gulliver*, su obra maestra, de estructura tetrapartita en función de los distintos viajes del protagonista y con una intención abiertamente satírica respecto la política inglesa del momento. Especialmente célebre resulta el primer viaje, a Lilliput —alegoría de la pequeñez de la Corte y Parlamento ingleses—, el país de los enanos; aunque la parte más amarga es la última, cuando Gulliver viaja al país de los caballos inteligentes y racionales, los houyhnhnms, que conviven con los yahoos, representantes de un carácter humano deficiente y lleno de vicios, lo que conduce al autor a la asunción de la condición perversa del hombre y a su deseo de aislarse.

En otra concepción de la literatura de viajes, más de tipo folklórico y exótico, hay que destacar los escritos de Giacomo Casanova, conocidos como «las memorias de Casanova», una vasta autobiografía que sirve de ejemplo universal del seductor libertino, ya que, al parecer, sus conquistas llegaron a ciento treinta y dos, según sus propios testimonios. Como curiosidad, hay que recordar que escribió en francés, a pesar de ser italiano, pues era la lengua más extendida por aquel entonces; el dramaturgo Goldoni, contemporáneo suyo, también publicó en francés.

En esta misma línea de novela de aventuras, unida a cierto psicologismo, nos encontramos con *Manon Lescaut* de Antoine François Prévost, conocido como Abate Prévost, que aborda los turbulentos amores entre un aristócrata y la cortesana Manon con una intención moralizante que preconiza una felicidad ajena a los intereses y las pasiones descontroladas e impredecibles. En lo que se refiere a la novela sentimental, conviene comenzar por su creador en forma epistolar, un hallazgo sumamente productivo de Samuel Richardson materializado en la publicación de *Pamela o la virtud recompensada*, un ejemplo de moralidad que el marqués de Sade comprometerá hasta el paroxismo.

También a esta corriente pertenece una de las novelas más exitosas del siglo, la que aborda los amores juveniles de Pablo y Virginia, de Bernardine de Saint Pierre, un ejemplo rousseauniano de la bondad natural humana en plena naturaleza frente a los males de la civilización. Además, esta tendencia ofrece su parodia, como en *Joseph Andrews* de Henry Fielding, una novela en la que se refleja irónicamente la de Richardson.

Sea como fuere, este tipo de novela sentimental encontrará su trasunto en la propia novela libertina dieciochesca, epítome del amor por las sombras del XVIII. De hecho, la gran novela del siglo (junto a la anteriormente citada de Saint Pierre) es *Las amistades peligrosas* del militar Choderlos de Laclos, un discurso epistolar que aborda las inclinaciones libertinas en la alta sociedad, en la que los protagonistas rivalizan destructivamente por vencer la virtud de la joven *madame* de Tourvel y de Cécile de Volanges, lo cual acaba en un trágico final. Se trata de una novela con gran complejidad técnica que no fue descubierta hasta principios del siglo XX. Responde a una reinterpretación de la escrita por Richardson y ha tenido múltiples adaptaciones cinematográficas (en 1959, 1988, 1989, 1999, 2003 y 2012), aunque la más popular quizá sea la de 1988, dirigida por Stephen Frears y protagonizada por John Malkovich, Glenn Close, Michelle Pfeiffer, Keanu Reeves y Uma Thurman.

Sade y el abismo de lo totalizador

Pero si hay un autor destacado en esta línea libertina, este es, sin lugar a duda, Donatien Alphonse François, el Divino Marqués o marqués de Sade, que ha dado nombre al sadismo como práctica sexual que consiste en obtener placer al infligir dolor a otros.

El masoquismo como práctica, en el sentido de encontrar placer en el dolor propio, también se denominó así por el célebre autor de *La Venus de las pieles* de Leopold von Sacher-Masoch, un escritor austriaco de la segunda mitad del siglo XIX.

Da la sensación de que la provocativa obra de este autor se ha resuelto demasiado rápidamente con la calificación de obscena, sin que descubramos acercamientos de mérito a la misma hasta el siglo XX —y no en sus principios, lamentablemente—. Incluso en la actualidad, sigue siendo un autor maldito poco conocido y considerado. Sin embargo, no solo presenta un fantástico tránsito hacia el romanticismo, sino que es testimonio del amor por las sombras del espíritu dieciochesco. Bien mirado, no se aleja de cierta cosmovisión ilustrada en la medida en que pretende dar cuenta de la totalidad desde un afán descriptivo y demostrativo que indaga en todas las posibilidades del placer sexual para proponernos filosóficamente una poética de la negación entrópica y una literatura al servicio de lo inefable que coloca al lenguaje en sus propios límites mediante una función imperativa y descriptiva. Todo ello para que habite ciertos territorios de sublimidad en los que el deseo queda saturado por el carácter holístico del cumplimiento en todas sus facetas.

No se pretende clasificar a Sade como escritor metafísico, pero sí dar cuenta de una escritura torturada y alegórica que, en su autoindagación, acaba por fagocitarse. Así lo podemos percibir, en menor o mayor medida, en obras como *Justine o los infortunios de la virtud*, *Juliette o las prosperidades del vicio*, *La filosofía en el tocador* y *Los 120 días de Sodoma* o *La escuela de libertinaje*, publicada de manera póstuma y escrita durante la prisión del autor en la Bastilla. En esta obra, cuatro libertinos dan rienda suelta a todo tipo de perversiones sexuales para ocupar ciento veinte días de todo tipo de prácticas. En 1975, Pier Paolo Pasolini dirigió una adaptación cinematográfica estremecedora —y eso que tan solo se ocupa de tres jornadas— ambientada en la República de Saló, en el norte italiano durante la ocupación de los nazis, con una estructura que recuerda al infierno de Dante en *La Divina Comedia*. Como la obra de Sade, esta película ha cosechado tanto seguidores entusiastas (no olvidemos que, para Luis Buñuel, Sade suponía una tabula rasa respecto a las demás obras universales) como detractores, en una permanente polémica que ha hecho que se prohíba en algunos países.

Otros escritos libertinos

Con un espíritu más gozoso, escribió John Cleland *Fanny Hill*, considerada la única novela inglesa erótica de calidad, subtitulada *Memorias de una mujer de placer*, un resultado híbrido entre lo feérico y la autobiografía femenina que, pese a las esperanzas de una reivindicación femenina, claudica ante el discurso hegemónico. Al igual que Diderot con *Las joyas indiscretas*, novela anónima debido a su carácter escandaloso y pornográfico, sin olvidar su carácter disparatado, ya que al protagonista (el genio Cucufa) le entrega un anillo para conseguir la invisibilidad y para hacer hablar a los órganos sexuales femeninos de sus aventuras sexuales, lo que supone un juego de palabras que incardina la novela en una vertiente lúdica. También destaca el conde de Mirabeau y *La educación de Laura*, obra en la que la protagonista escribe a su amiga para contarle, con todo lujo de detalles, su instrucción, desde muy jovencita, en las cuestiones sexuales; todo un clásico de este género, escrito por un autor que compartió celda con el mismísimo marqués de Sade.

Un poco más adelante, comprobaremos que la literatura libertina también se ocupó del género lírico, incluso del fabulístico, pero antes nos corresponde abordar la tendencia de la novela didáctica o pedagógica, una de las predilectas de los ilustrados, sumamente interesados en la utilización de la literatura como vehículo formativo.

La novela pedagógica y otras tendencias

En esta dirección, se escribe *Emilio o De la Educación*, de Rousseau, en cuya obra nos encontramos con el gusto ilustrado por presentar la educación de un ser humano desde la infancia como alegoría de la educación del pueblo (a imitación de este escribirá en España Pedro de Montengón su *Eusebio*), a medio camino entre la novela moralizante y la didáctica.

Por otra parte, podríamos considerar que la obra literaria más importante de Voltaire es Cándido o El optimismo, a cuyo protagonista le cuesta admitir que vivamos en un mundo prácticamente perfecto; sin embargo, tras las vicisitudes que le acontecerán, acabará claudicando de su bondad natural. Es una de las obras más prohibidas de la historia debido a que con su tono humorístico e irónico crítica todas las esferas de la sociedad: el maestro Pangloss, correlato del filósofo Leibniz, asesora a nuestro protagonista; Cunegunda aporta belleza; Martín es su gran amigo, y aparecen los grandes lugares míticos.

Este tipo de novelas vienen caracterizadas por cierto tinte humorístico y satírico, como sucede con la peculiar novela de Laurence Sterne, *Vida y opiniones del caballero Tristram Shandy*, ya que el personaje que aparece en el título no es, en realidad, el protagonista de esta narración a ratos experimental, con apariencia de miscelánea y de cuidada extravagancia que está compuesta por varios volúmenes, muy en la línea de la parodia cervantina. Además, para algunos, se trata de una obra inacabada, cuya adaptación cinematográfica estrenada en 2005 y dirigida por Michael Winterbottom es igualmente ingeniosa e irreverente. Todas estas tendencias narrativas desembocan en la gran narradora Jane Austen, cuya obra se desarrollará ya en el siguiente siglo y de la que nos ocuparemos en el siguiente capítulo.

Una poesía con limitaciones

La poesía es, definitivamente, el género literario que dio unos resultados más limitados al constreñirla en demasía a unas estrictas reglas de versificación de inspiración clásica que sometieron la creatividad y la imaginación, supeditadas al afán didáctico, de índole filosófica y moral. Así, nos encontramos con un poeta como el francés André Chénier, admirador de los poetas clásicos y guillotinado tras la Revolución francesa. Alexander Pope es el más destacado poeta inglés de este siglo, conocido también como ensayista, traductor (sobre todo de la obra de Homero), amigo de Swift y autor con una evidente influencia en los poetas británicos posteriores. Sus logros pueden fijarse en el desarrollo del pareado heroico y, además de por «La Dunciada» o «El rizo robado», este poeta satírico ha pasado a la posteridad por escribir un epitafio a la muerte de Isaac Newton en el que diviniza la figura del científico.

Fábulas y neoclásicos

La fábula es un subgénero muy exitoso durante el XVIII; el hecho de que se trate de una narración alegórica, protagonizada por animales, que persigue una enseñanza, sea en verso o en prosa, le confiere un didactismo irresistible para el escritor ilustrado. Incluso, en ocasiones, podía optarse por una prosa poética, como en el caso de La Fontaine, que, con sus doscientas cuarenta fábulas acerca de la naturaleza humana, inspiradas en los grandes clásicos (Esopo, Horacio, Ariosto y Boccaccio), encumbra el género en su concepción didáctica mediante la agudeza y el humorismo; eso sí, tal y como suele suceder, no podemos pretender encontrar profundidad, sino constantes consejos ilustrados que se mueven en el ámbito de los estereotipos.

Es muy difícil renunciar, en el imaginario colectivo, a las enseñanzas extraídas de fábulas como las de «La cigarra y la hormiga», «El gato con botas», «La gallina de los huevos de oro», «El zorro y las uvas», «La lechera y su balde de leche» o «El cuervo y la zorra», que respondían a la perfección a la máxima horaciana que hizo suya el

Retrato de Tomás de Iriarte

espíritu de la Ilustración: «enseñar deleitando». Pero conviene recordar que no dejaron de estar enamorados de las sombras, tal y como sucede con este fabulista y su composición de las *Fábulas libertinas*, también conocidas como *Cuentos galantes*, escritas en verso, tan picantes como divertidas. De hecho, en España se hicieron conocidas por la traducción de Félix María de Samaniego, quien, además de escribir fábulas integradas en la estética neoclásica, con gran maestría en la versificación, escribió una poesía libertina en la que aunó lo pornográfico con la comicidad (piénsese en el irreverente y divertido *El jardín de Venus*), al igual que las *Poesías algo más que picantes* del otro célebre fabulista español Tomás de Iriarte.

Evidentemente, no son casos aislados, pues a los dos fabulistas se pueden añadir otros autores neoclásicos como Nicolás Fernández de Moratín y sus poesías de *El arte de las putas* (sin ambages), Juan Pablo Forner o José Iglesias de la Casa, que, con «La reconciliación en octavas jocoserias», ganó el premio de poesía lúbrica en la Academia Venérea de Humanidades, establecida en el Parnaso a escondidas de las castas musas —con lo que está todo dicho—.

Teatro dieciochesco

El teatro del dieciocho, junto con el ensayo y la fábula, es otro de los géneros literarios predilectos. Ciertamente, la desaparición de Shakespeare, Molière y Calderón, así como su alargada sombra, hace muy complicado que aparezcan sucesores que puedan acercárseles. Aunque el vacío es mucho más que notable, los autores neoclásicos presentaron inclinación hacia el género dramático, ya que les permitía promover la educación del pueblo desde la ejemplaridad.

Voltaire escribió obras teatrales de cierto éxito como *Zaïre* o *Mérope*, al igual que Diderot, quien, además, se ocupó de escribir teoría teatral. Se pueden reseñar también las figuras de Beaumarchais o Pierre de Marivaux en Francia y de Carlo Goldoni en Italia. Beaumarchais ambienta sus obras más conocidas en España, como sucede con *El barbero de Sevilla* o con *Las bodas de*

Fígaro (la primera servirá de base para la ópera bufa de Rossini; la última inspirará la magnífica ópera de Mozart). Marivaux destacó por sus obras teatrales de enredo, como *La madre confidente*. Por su parte, a Goldoni se le considera uno de los creadores de la comedia italiana, influido por la *Commedia Dell' Arte*, y alcanzó su consagración con *La locandiera* (*La posadera*), que está entre la comedia de enredo y la de carácter.

En España, el teatro que realmente tuvo éxito fue el teatro posbarroco de carácter popular, sobre todo las comedias de santos, santas y magos, llenas de imaginación y de efectos sorprendentes. Con mucho menos seguimiento de público, se estrenaron las obras teatrales de Moratín o Jovellanos, unas representaciones que perseguían la educación del pueblo.

En todo caso, los ilustrados pelearon ante todo contra el teatro de tendencia barroca, ya que incumplía la verosimilitud y rompía con la regla de las tres unidades; de hecho, fueron muy frecuentes las disputas entre partidarios de la estética neoclásica y de la barroca, profundamente enconadas.

El ensayo, género predilecto

El ensayo en el xviii se convierte en uno de los géneros predilectos, habida cuenta de que constituye uno de los mejores vehículos para la transmisión de ideas y, por lo tanto, de carácter didáctico. Sin duda, cabe mencionar a los grandes ilustrados franceses (*El espíritu de las leyes* de Montesquieu, *El contrato social* de Rousseau, *Las cartas inglesas* y *El diccionario filosófico* de Voltaire, etc.), de los que ya se dijo algo, el curioso caso del religioso ilustrado español Padre Feijoo o el de Jovellanos. Además, es un género que, por su brevedad y carácter divulgativo, se ajusta perfectamente al auge del periodismo.

Finalmente, el proyecto ilustrado se verá interrumpido por el estallido de la Revolución francesa, a pesar de que esta última es, en realidad, su corolario, al igual que nuestra civilización actual es hija —o nieta ya— de la Ilustración.

7

La revolución del movimiento romántico: lo siniestro, lo monstruoso y lo maldito. Una literatura excesiva

Sturm und Drang. Orígenes del Romanticismo

Tras el agotamiento de la razón como única fuente de conocimiento desde las concepciones apolíneas del neoclasicismo, en su propio seno se produce una indagación en las pulsiones dionisiacas para dar lugar al Romanticismo (para algunos estudiosos, el propio vocablo provendría del francés *roman*, 'novela', en el sentido de ficción o imaginación sobre la reflexión ilustrada), que encontrará su réplica con la modernidad y las corrientes de fin de siglo. El propio prerromanticismo vislumbró las nuevas claves al explorar las dimensiones no racionales del ser humano como parte, también, del mismo.

El arranque de esta nueva sensibilidad podemos situarlo en Alemania, a finales del siglo xviii, con el movimiento conocido como *Sturm und Drang*, que pretende liberar al arte de un normativismo excesivo. Este llegará después a Inglaterra, Francia, Rusia, Italia y España, a este último país de forma tardía, por motivaciones históricas, a pesar de que lo hará llegar también al continente americano. Aún no podemos hablar de ciudades modernas *stricto sensu*, ya que hay todavía un gran apego a lo rural que retrocederá significativamente con la modernidad finisecular (que, precisamente, se encuentra en ciernes con la Revolución Industrial inglesa a finales del xviii) y la crisis del individuo citadino.

La duración del Romanticismo resulta ciertamente compleja, pues, por una parte, se nos antoja de escasa duración (ya a mediados de siglo se producen cambios significativos hacia el realismo) y, por otra, parece metamorfosearse más allá de fin de siglo —tal y como abordaremos en el capítulo siguiente—, lo cual da pie a una diversidad de interpretaciones según los casos. Y es que tiene cierta naturaleza de gozne también en lo que se refiere a las sociedades, ya que se encuentra a caballo entre el Antiguo Régimen y los avances hacia los sistemas que aspiran a una organización democrática. La presión sobre los sectores de la población injustamente tratados va gestando tanto la Revolución americana, que supone la independencia de los Estados Unidos (1775), como la Revolución francesa (1789), cuyo espíritu será severamente contrarrestado por el afán expansionista y de concentración de poderes de

Napoleón, finalmente derrotado en Waterloo (1815), lo que supone para Europa una vuelta al Antiguo Régimen.

Dos principales tendencias

En todo caso, vamos a observar que esta época romántica va a mostrar dos tendencias claramente diferenciadas: una de carácter liberal-revolucionario, contrario a toda forma de poder y otra de carácter tradicional y conservador desde concepciones religiosas. A pesar de las diferencias que presentan, ambas surgen de un estímulo común provocado por el impacto del movimiento alemán, de finales del siglo XVIII, del *Sturm und Drang*, que podríamos traducir por 'tempestad y tormenta' y que surge para confrontar con la permanente idea optimista de progreso por parte de la Ilustración, con las reglas clasicistas (rigurosas causas del constreñimiento de la creación, prácticamente asfixiada) y con el encumbramiento de la razón (optan por la expresión libre de emociones y sentimientos como auténticos identificadores de la naturaleza humana, lo que conducirá a la búsqueda de la originalidad y, por tanto, a la idea del genio como creador individual e insustituible).

El ansia de lo absoluto de este movimiento no podría explicarse sin el tejido del idealismo alemán, en el que destaca la figura de Fichte, un continuador de Kant que constituye la antesala de Schiller y prefigura la filosofía del espíritu de Hegel. Este pensamiento conferirá a la literatura romántica una dimensión transcendente esencial en la que el ser humano se verá sobrepasado por la inmensidad; una naturaleza dinámica que deviene trasunto del estado anímico del

El caminante sobre el mar de nubes de Friedrich

artista y que se tiñe de emociones, sobre todo en la preeminencia de lo tormentoso, de lo nocturno y de lo colosal —piénsese en uno de los cuadros paradigmáticos de este movimiento: *El caminante sobre el mar de nubes* de Caspar David Friedrich—. Hablamos, pues, de una naturaleza desbordada que traduce el tormentoso interior de los escritores románticos, entregados a la eclosión sentimental y a la expresión de la subjetividad.

Otras características

Además, el Romanticismo apuesta decididamente por la imaginación y la fantasía, profundamente denostadas por la mentalidad ilustrada, así como también recupera —de la concepción barroca— el escepticismo y desengaño que promueven la desconfianza ante todo lo que nos rodea. Como se encuentran decididamente insatisfechos con el momento que les ha tocado vivir, la huida en el espacio y en el tiempo se convierte en un recurso necesario, de ahí la aparición de lugares exóticos (especialmente de lo oriental) y de épocas remotas (se prefiere sobre todo la época medieval); además de que estas lejanías —en el espacio y en el tiempo— potencian la imaginación, la fantasía y la capacidad de generar una creación propia no reconocible ya sea representativa o referencial. Este extremo resulta de enorme transcendencia, pues supone un hito en la búsqueda estética de la autonomía de la obra artística en la que se profundizará con las corrientes de fin de siglo para alcanzar su culmen con las propuestas vanguardistas.

En parte, el intento de procurar la independencia del arte encuentra su valedor en el idealismo, capaz de poner de relieve el valor sustantivo de las ideas en una inspiración platónica que relega los referentes sensibles en un claro intento de prescindir de ellos. La consabida insatisfacción romántica encuentra así su perfecto caldo de cultivo en la irrefrenable ansia de absoluto desde una condición precaria y limitada, tan efímera como finita, que conducirá, paradójicamente, a una hipertrofia del *yo* que asume irracionalmente la voz del autor como la voz del pueblo (*Volkgeist*) y, con ello, exalta los valores del nacionalismo.

El ejemplo por antonomasia del espíritu alemán del *Sturm und Drang* es el del personaje de Werther, protagonista de *Los sufrimientos del joven Werther* de Johann Wolfgang von Goethe (considerada como la primera gran manifestación del Romanticismo alemán y publicada en 1774), que supuso una auténtica moda en la época y al que podemos responsabilizar, entre otros, de haber fomentado una relación directa entre el espíritu romántico y el suicidio, más de orden estético que propio de la cotidianeidad. De hecho, esta equivocada asociación vino a satirizarse en el cuadro *Sátira del suicidio romántico*, obra de Leonardo Alenza y Nieto, de 1839, para dar cuenta del exceso de orden estético del suicidio, malinterpretado como una costumbre arraigada y necesaria de la sociedad romántica. Sin embargo, sí es cierto que algunos autores prototípicos del Romanticismo se suicidaron y que, desde una perspectiva artística, se relacionan el amor y la muerte, habida cuenta de la concepción del amor trágico como sentimiento que subvierte el orden establecido y pone en riesgo a sus protagonistas. De hecho, el propio Werther se suicida por un amor imposible (el de su amada Carlota) y por lo tanto no correspondido, en la novela antecitada, de estructura tripartita (las dos primeras partes desarrolladas de manera epistolar).

Lo siniestro y lo sublime

De manera general, el Romanticismo insiste artísticamente tanto en la categoría estética de lo sublime como en la de lo siniestro, así como en su indagación en lo maldito y marginal a modo de reivindicación de la libertad y de la rebeldía. Además, se produce una apasionante concurrencia estética en la figura del monstruo, figura transcendental para este movimiento. No en vano, es una figura construida desde lo siniestro e inspiradora del mal, idea totalizadora proveniente del bien, pero concebido desde la revuelta del ángel rebelde, que escapa de la sumisión en virtud del ejercicio de su propia libertad. Es más, la propia definición de lo siniestro arranca de los presupuestos románticos de Friedrich Schelling sobre el concepto de *unheimlich*, retomado con posterioridad por Sigmund Freud. Con este vocablo, se alude a aquello que es profundamente familiar, pero que resulta reprimido porque está destinado a permanecer en secreto para revelarse, aunque no en su integridad. Que el Romanticismo se relaciona plenamente con esta categoría estética puede constatarse sin demasiado esfuerzo, pues, además, Freud, para definirlo, acudirá también a un cuento de E. T. A. Hoffmann de estética romántica: «El hombre de arena», publicado en *Cuentos nocturnos* que, a la sazón pasaba por la obra más célebre del autor. Tanto Freud como Lacan se ocuparán de estudiar este cuento en el que lo grotesco se alía con lo terrorífico y lo demoniaco para proponer una mezcla de realidad y de fantasía que nos adentra en la identificación de lo siniestro, además de presentar el símbolo de los ojos como elemento caracterizador de esta categoría estética (para Freud, es representativo del miedo a la castración, a la amputación y al desmembramiento).

Aunque posterior, ya que se publica en 1902, merece la pena recordar el relato de *La pata de mono*, obra de W. W. Jacobs, ya que, en una ambientación romántica, articula todo un inventario de situaciones que tienen la capacidad de provocar lo siniestro (la amputación y el desmembramiento, la confusión entre realidad y fantasía, lo premonitorio temido se hace realidad, lo maldito, la reiteración y aquello que se relaciona con la muerte). Por añadidura, podemos considerarlo como uno de los mejores representantes del relato fantástico, pues presenta la habilidad de mantener el plano de la realidad y el plano de lo sobrenatural en absoluta vacilación. tanto es así que Borges, Silvina Ocampo y Bioy Casares lo incluyeron en su afamada *Antología del cuento fantástico*.

Monstruos del Romanticismo

Sin duda, la asunción de lo siniestro condujo a la aparición de lo monstruoso, absolutamente poliédrico y enriquecedor, ya que, al tiempo que potenciaba lo grotesco y combatía frontalmente la armonía, la verosimilitud, la contención y el equilibrio clásicos, promovía la subversión del orden establecido desde ciertos presupuestos populares que confluyeron en la creación de personajes con amplia repercusión en el gran público. Recuérdense al respecto, sin ir más lejos, creaciones como las de Mary W. Shelley, Bram Stoker o Victor Hugo, que construyen personajes marginales tan desdeñados como temidos por la sociedad. Aunque posteriores, presentan cierto aire romántico *Moby Dick*, de Herman Melville; *El extraño caso del doctor*

Jekyll y Mr. Hyde, de Stevenson, o *El fantasma de la ópera*, de Gastón Leroux, herederas de lo monstruoso, lo siniestro y lo simbólico. Y no solo en el imaginario de la literatura, sino también en el pictórico, como en el caso del monstruoso *Nabucodonosor* de William Blake, poeta, pintor y grabador inglés que se mueve entre el romanticismo y el simbolismo, o del pintor suizo Henry Füssli y su obra *La pesadilla*, un estremecedor cuadro que desequilibra la cosmovisión clásica con un monstruo que añade, a lo bello, lo siniestro.

Mary W. Shelley, cuyo marido fue el poeta inglés Percy Shelley, publica su *Frankenstein o el moderno Prometeo* en 1818, novela que cuenta la historia de un doctor que coge miembros de diferentes cadáveres para crear un monstruo que ni siquiera tiene nombre, aunque generalmente se le suele atribuir a la criatura el nombre de su creador: el doctor Frankenstein. Es una de las mejores representantes de la novela gótica, basada en el terror y en la angustia. Se trata de una obra que aborda el tema de la moral científica y, con el subtítulo, del atrevimiento del ser humano convertido en un pequeño dios al que arrebata el fuego sagrado de la vida (como Prometeo), con el consiguiente castigo que supone, ya que el monstruo, que al principio se muestra cariñoso, reacciona contra su creador cuando comprueba que su monstruoso aspecto provoca rechazo en los demás; el doctor consigue evitar que su creación lo mate, pero acaba con un amigo suyo, su hermano y su esposa y decide perseguirlo por el Ártico para acabar con él, aunque lo que ocurrirá es que encontrará su propia muerte, para convertir en legendaria la misteriosa desaparición del monstruo en tan sublime y remoto paisaje. El nuevo invento de la electricidad le sirve a la autora para aventurar posibilidades sobrenaturales (y no tan

Retrato de Mary Shelley por Richard J. Rothwell

alejadas del uso práctico en nuestros días si se piensa en la reanimación mediante impulsos eléctricos). Para la descripción de la criatura, Mary W. Shelley se inspira en el personaje de Satán que aparece en *El Paraíso perdido* de John Milton. Su historia ha sido adaptada al cine en múltiples ocasiones como muestra del encumbramiento de este monstruo a la condición de mito en el género de terror.

Una gran escritora: Jane Austen

Junto a esta magnífica narradora, nos encontramos con la otra gran representante de la novelística romántica, aunque con un registro muy diferente: Jane Austen, que supone el culmen de la narrativa del siglo anterior. Su éxito comenzó con la publicación, en 1811, de *Sentido y sensibilidad*, que la animó a publicar poco después *Orgullo y prejuicio*. Son novelas de ambiente provinciano y de temática matrimonial (en las que se exalta el amor fraternal y la amistad, extremo lógico desde la perspectiva de una soltera sin interés en contraer matrimonio) están narradas desde cierta asepsia y objetividad, una distancia lograda mediante la ironía que impondría una novedosa forma de contar. Su obra ha sido interpretada tanto desde una óptica simplista de aire conservador como desde posturas feministas (sin olvidar el apoyo que le procuró el escocés Walter Scott, cuyos escritos aparecen en la obras de Austen y que se hizo célebre con la novela histórica, ambientada en la Inglaterra medieval y protagonizada por Wilfredo de Ivanhoe, con la exitosa adaptación al cine en una película que ya se considera un clásico), pero lo que no acepta interpretaciones es el éxito que han tenido las adaptaciones cinematográficas de sus novelas (especialmente reseñable resultó la serie televisiva inspirada en *Orgullo y prejuicio* y presentada por la BBC) y de su propia biografía.

Quasimodo, el monstruo de Notre-Dame

Ambas narradoras anteriores, de registro muy diferente, son mujeres escritoras de resonancia universal y de referencia ineludible. Como inevitable también resulta

La catedral de Notre-Dame, morada de Quasimodo

referirse a Quasimodo, un auténtico icono romántico, amante desdichado que se redime por amor, a pesar de que la sociedad lo considera un monstruo venido del infierno. Se trata del personaje más carismático de *Nuestra Señora de París*, la primera gran novela de Victor Hugo, publicada en 1831 y convertida en uno de los principales reclamos del romanticismo. Ambientada en la Notre-Dame de la época medieval, relata la historia del jorobado que se enamora de la gitana Esmeralda, pero todo acaba en un trágico y romántico final (fusión de amor y muerte) por la intromisión del pérfido Frollo, el amo de nuestro protagonista, Quasimodo, un monstruo oculto en la belleza imponente de la catedral parisina. La obra permite vincular lo siniestro con lo sublime y nos recuerda que la ficción a veces se convierte en premonitoria (es de notar el incendio en abril de 2019 de este emblemático monumento, absolutamente estremecedor y vaticinado en la genial novela de Victor Hugo).

Además, el celebérrimo autor francés nos dejó los principios románticos en la introducción de la obra teatral de *Cromwell* (y su rechazo frontal a la tragedia neoclásica), así como la denuncia social en *Los miserables*, novela publicada en 1862. Protagonizada por Jean Valjean, es un testimonio a favor de los oprimidos y un alegato contra la pena de muerte (no hace falta recordar el éxito cinematográfico y de musicales que se basan en estas dos obras de Hugo).

Más narradores franceses

También los narradores franceses Alexandre Dumas padre y René de Chateaubriand colaboraron en sentar las bases del romanticismo; el primero escribió famosas novelas de aventuras (recuérdense *Los tres mosqueteros* o *El conde de Montecristo*), en las que se encumbran los valores de amistad, de condición leal y de amor, aunque también aparezca la venganza, sobre todo en *El conde de Montecristo*, en la que el protagonista es encarcelado injustamente; el segundo se hizo conocido por sus historias de indios, como su novela *Atala*, publicada en 1801 y que cuenta la conversión de la protagonista, una india, al cristianismo. Póstumamente, se publicaron sus *Memorias de ultratumba*, una vasta autobiografía que recoge los principales hitos históricos y las aspiraciones del autor y donde se despliega, en ocasiones, una meritoria prosa poética. Junto a Chateaubriand, *madame* de Stäel también introdujo el romanticismo en Francia; en el caso de esta autora, por el entusiasmo del romanticismo alemán, que la condujo a aprender el idioma y a escribir *De Alemania*, considerada su mejor obra. Otra mujer importante, cuya narrativa fue derivando hacia el realismo, es George Sand, seudónimo de Aurore Dupin, que defiende la independencia de la mujer en obras como *Indiana*, de 1832, y que nos deja un relato autobiográfico como *Un invierno en Mallorca*, en el que aborda sus relaciones amorosas con el famoso músico Frédéric Chopin (esta apasionante relación sentimental ha sido objeto de varias películas de interés; entre ellas, un filme polaco estrenado en 2002). En la narrativa francesa del momento, habría que añadir a Alfred de Musset, que destacó como dramaturgo y escribió una novela autobiográfica titulada *Confesiones de un hijo del siglo*; Prosper Merimée, muy conocido por su narración Carmen, de estereotipos un tanto acartonados pero de mucho éxito y repercusión (no solo en la filmografía, sino también en la música con la conocidísima ópera *Carmen*, de Georges Bizet); Theóphile Gautier, que desde el romanticismo avanza hacia las corrientes de fin de siglo, singularmente hacia el parnasianismo; Nerval y sus inclusiones de lo onírico y lo irracional en una clara anticipación de las vanguardias, o Julio Verne, considerado como el creador de la ciencia ficción con obras como *Viaje al centro de la Tierra*, *La vuelta al mundo en 80 días*, *De la Tierra a la Luna* o *Veinte mil leguas de viaje submarino*, cuyas adaptaciones a la gran pantalla han sido un éxito en el cine de ciencia ficción y de aventuras.

Romanticismo alemán

El romanticismo alemán constituyó el gran referente romántico para el resto de países. Ya hemos mencionado la gran repercusión del personaje del joven

Werther de Goethe, pero, en la recuperación de lo monstruoso, lo siniestro y lo maldito, es necesario recordar un texto emblemático de este movimiento: *Fausto*, la obra cumbre de su autor y una muestra aclaradora del tránsito desde el romanticismo hacia el clasicismo inspirada —al parecer— por una obrilla de teatro a la que el autor había asistido. Su protagonista le vende el alma al diablo a cambio de eterna juventud en esta novela dialogada que parece más pensada para ser leída en voz alta que para representarse sobre un escenario y que presenta dos partes bien diferenciadas (la historia romántica de amor se olvida en la segunda parte, aunque, en conjunto, además del tema del amor, se habla del bien y del mal, del conocimiento científico, de la libertad y de la religión). Especialmente significativa resulta la adaptación cinematográfica de un clásico del cine mudo, la película basada en esta obra y dirigida por F. W. Murnau.

El romanticismo alemán tampoco podría comprenderse sin los hermanos Schlegel o sin Friedrich Schiller, quien retomó uno de los grandes símbolos románticos, como es la figura de Guillermo Tell en un drama en cinco actos escrito en verso y que ha servido de inspiración a lenguajes artísticos muy diversos, como la ópera que estrenó en París Rossini, cuya obertura es ya celebérrima. A los narradores alemanes más destacados del romanticismo habría que añadir a los hermanos Grimm, cuya labor de compilación de cuentos infantiles respondería, en parte, a esa idea romántica de recoger el espíritu y la identidad de los pueblos («La Cenicienta», «Blancanieves», «Hansel y Gretel», «Caperucita Roja», «La bella durmiente», etc.). En esta misma dirección, habría que mencionar los cuentos del danés Hans Christian Andersen, que escribió

Cartel del Fausto de Murnau

algunos que lo hicieron mundialmente conocido, como «Pulgarcito», «El patito feo» o «La sirenita», este último especialmente simbólico y de resonancia universal. Volviendo a los alemanes, también habría que destacar a Hoffmann y sus cuentos de terror —del que ya se dijo algo—, que tuvo una influencia directa en el modernísimo Edgar Allan Poe; en Heinrich von Kleist, precursor de Kafka por la aparición de lo alucinatorio y del existencialismo, aunque escribió sobre todo obras teatrales, en Adalbert von Chamisso de Boncourt y *La maravillosa historia de Peter Schlemihl*, en la que, en esta ocasión, el protagonista le ofrece su sombra al diablo.

Poesía romántica

Ahora bien, todo ello no se comprendería en su debida extensión si no fuera por el género lírico. Acabamos de mencionar la figura de Kleist, que cumple con el prototipo estético de poeta romántico insatisfecho y trágico que abonó la relación entre romanticismo y suicidio, pero, además, su poesía nos deja uno de los grandes logros del romanticismo: la preocupación por el lenguaje, el prurito de la expresión lingüística como reflejo del alma humana (piénsese en *El príncipe de Homburg*). A la lírica alemana se podrían sumar Hölderlin, poeta de tardío reconocimiento y terrible locura que dibujó en sus poemas un mundo ajeno e ideal para escapar de la precariedad del cotidiano; Novalis (seudónimo de Friedrich von Hardenberg), que en sus *Himnos a la noche* nos propone el eterno retorno —el punto de partida y la meta coinciden— en un viaje para buscar a su amada más allá de la muerte, o, más adelante, uno de los poetas alemanes más importantes: Heinrich Heine, con su popular *Libro de los cantares*, de 1827, cuya estela siguieron los poetas Grabbe y Büchner. En el caso de la lírica inglesa, resulta inevitable referirse a los iniciadores del movimiento romántico en la literatura de este país: William Wordsworth y Samuel Coleridge, que escriben conjuntamente *Baladas líricas*, en cuyo prólogo declaran sus intenciones estéticas novedosas con un estilo sencillo y una naturaleza misteriosa. Coleridge[2], además, escribió «Kubla Khan», un poema onírico producido bajo los efectos del opio que constituirá la antesala de los paraísos artificiales de fin de siglo, con los que arrancará la modernidad. También fueron iniciadores del movimiento romántico Edward Young y su poema «Las noches», de temática nocturna y estremecedora típica del romanticismo; William Blake, quien, a pesar del éxito de sus pinturas, ha pasado a la posteridad ante todo como poeta; o los tres grandes poetas de este período: Percy Shelley, cuya esposa fue la célebre escritora de *Frankenstein*, lord Byron, poeta romántico por antonomasia, y John Keats. Coleridge y William Blake fueron considerados los poetas lakistas, los primeros de estética romántica cuya denominación proviene de que son autores que vivieron en la zona de los lagos del noroeste de Inglaterra.

Shelley mantuvo una actitud contestataria que reflejó en *La reina Mab*, su primer poemario, una marca indiscutible de su poesía sublime contra la degradación del ser humano en las instituciones y los convencionalismos. El caso de Byron es el de un autor cuya obra queda un tanto ensombrecida por su biografía escandalosa, que ya le hizo famoso en vida. Su obra maestra es quizá el extenso e inacabado poema «Don Juan», que aborda esta figura desde una interpretación paródica en la que nos encontramos con la ironía y con la sátira. Keats murió muy joven (a los 26 años) de tuberculosis, pero a pesar de su corta edad, es considerado como uno de los mayores poetas universales.

[2] Junto a William Blake, fueron considerados los poetas lakistas, primeros de estética romántica cuya denominación proviene de que son autores que vivieron en la zona de los lagos del Noroeste de Inglaterra.

Retrato de lord Byron

Su compromiso con la belleza fue absoluto, tal y como lo refleja en su poema narrativo *Endymion* o, en su faceta inmortal, en el poema «Oda a una urna griega», donde da cabida a la condición humana, al arte y al tiempo desde la total efusión de sentimientos. En la lírica francesa, conviene recordar a Alfred de Vigny, Lamartine, Alfred de Musset, Nerval o Sainte-Beuve,

Cantos de Giacomo Leopardi

aunque lo más importante es que esta poesía será el caldo de cultivo para los magníficos poetas malditos, de los que hablaremos en el capítulo correspondiente. En Italia, destacan Manzoni (de interesante poesía, pero, sin embargo, recordado por su novela *Los novios*) y Giacomo Leopardi, el poeta italiano más importante de la época con sus *Cantos*, que no renuncian al pesimismo que lo acompañó siempre.

España y el Romanticismo

En el caso de España, hay que admitir un Romanticismo tardío con respecto al resto de países y un tanto superficial, a pesar de figuras como las de Espronceda, José de Zorrilla (ambos cultivan lo siniestro, lo maldito y lo monstruoso mediante sus reinterpretaciones de la figura demoniaca de don Juan, de resonancia universal y factura española, como ya se dijo), Larra (que supera el mero cuadro de costumbres para instalarnos en una prosa del periodismo más actual sin renunciar a la excelencia del estilo literario) y, sobre todo, ya en el posromanticismo, Rosalía de Castro y Gustavo Adolfo Bécquer, que incorporan la lírica española a la modernidad.

Otros países

Para finalizar este capítulo, vale la pena resaltar que la producción de algunos autores norteamericanos de inspiración romántica con la figura de Poe, unida a lo siniestro, lo maldito y lo monstruoso, conduce a la literatura hacia la definitiva modernidad articulada en las diversas corrientes de fin de siglo. Asimismo, es reseñable la figura del narrador ruso Alexander Puskhin, que se convierte en el gran predecesor de la novela rusa del XIX (autor de *Eugenio Oneguin*, una novela en verso convertida en ópera por Tchaikovski, de *La hija del capitán* y de meritorios cuentos) o la de Nicolái Gogol (a caballo entre el romanticismo, presente en *Taras Bulba*, que presenta el típico exotismo romántico y el realismo, presente en la famosa novela inacabada *Almas muertas*), por lo que conviene pasar revista al realismo y al naturalismo, que ocuparon la segunda mitad del siglo XIX.

8

Realismo y naturalismo: la época de los grandes novelistas

Del Romanticismo al realismo (lo costumbrista)

Quizá el pintoresquismo costumbrista incitado por la cosmovisión romántica sirvió de excepcional tránsito hacia una estética realista; esto unido, desde luego, a la extensión por toda Europa de la Revolución Industrial surgida en Inglaterra, que promovió un nuevo modelo social, generador de nuevas ideologías como el capitalismo, el comunismo, el anarquismo, el socialismo o el sindicalismo en un escenario de lucha de clases, con el apogeo de la burguesía y la aparición del proletariado.

Este período coincide con una estética realista en el continente europeo y alcanzó sus cotas más altas en Inglaterra y Francia, especialmente entre 1850 y 1890, una fecha que, tras la concepción naturalista, nos sitúa ya en la modernidad de la literatura finisecular, diversificada en múltiples corrientes. Resultaría imposible comprender esta nueva mentalidad sin las aportaciones del filósofo Auguste Comte, promotor del positivismo, del carácter científico y de la observación crítica que persigue la demostración empírica (en clara reacción contra el idealismo romántico), el materialismo dialéctico marxista, la selección natural de Charles Darwin y *El origen de las especies*, los estudios de genética del austriaco Mendel o el método experimental de Claude Bernard.

Tampoco podríamos entender el desarrollo de este movimiento sin el intenso avance de la prensa y del periodismo o sin la aparición de la industria editorial, a la que se incorporan tanto las publicaciones periódicas como las artes gráficas para convertir el libro en un objeto de la cotidianeidad que comienza a promover una profesionalización de la escritura y cierto grado de compromiso por parte de los autores, conscientes de que sus obras pueden constituir intentos de cambiar la sociedad. A ello se añadirá la incorporación de la mujer a la lectura y la aparición de las primeras escritoras, sobre todo anglosajonas, obligadas lamentablemente a utilizar seudónimos masculinos, en muchos casos, para poder publicar.

La novela realista. Mímesis y creación

A pesar de que el realismo se manifestó en todos los géneros, el género predilecto es, sin lugar a duda, la novela, más proclive a reflejar la observación y descripción de la realidad, a canalizar el testimonio directo y a reflejar la objetividad frente a la subjetividad. Es una

Estatua de la Regenta en Oviedo

estética que ensalza el concepto de verosimilitud, en oposición al idealismo romántico, a lo irracional y a lo fantástico. Sin embargo, el hecho de que se encumbre la apariencia de verdad no significa que no exista *poiésis* o creación por parte de los autores, que no se limitarían a la mímesis aristotélica. Galdós expresaría este mismo extremo en su prólogo a *La Regenta:* «Grata es la tarea de fabricar género humano recreándonos en ver cuánto superan las ideales figurillas, por toscas que sean, a las vivas figuronas que a nuestro lado bullen».

Hablamos de una novela que puede ajustarse a diferentes tipologías (novela social, novela histórica o novela corta) y que presenta gran diversidad de ambientes (con preferencia por los urbanos), un gusto por espacios y tiempos contemporáneos, personajes individuales representantes, generalmente, de un grupo, la presencia de un narrador omnisciente que dosifica la información como le parece conveniente y que nos ofrece incluso detalles de conciencia de los personajes, y un lenguaje no considerado en sí mismo, sino como elemento dotador de verosimilitud a favor, generalmente, del detallismo. Podemos rastrear los orígenes del realismo en la literatura francesa, concretamente de tres grandes novelistas: Stendhal, Flaubert y Balzac. Al primero le debemos la concepción de la novela como «un espejo a lo largo del camino»; al segundo, el establecimiento de un sistema de análisis de la psicología femenina, y, al tercero, su fiel reflejo de la sociedad francesa del momento en *La Comedia Humana*. Stendhal es el seudónimo de Henri-Marie Beyle, que empieza a publicar ya con cuarenta y seis años (su primera novela, además, no logra ningún éxito) y nos deja dos fantásticas novelas: *Rojo y negro* y *La cartuja de Parma*. En ambas obras, el autor se caracteriza por el psicologismo y por su capacidad de mantener un apoyo a sus personajes desde la neutralidad. En *Rojo y negro*, cuyo título se inspiraría, mediante la simbología del color de su ropaje, en el ejército (rojo) y en la iglesia (negro), Julien Sorel finge ascender de una clase social alta alimentando las apariencias de lo que podría esperarse de él. Su influencia es directa en narradores como León Tolstói o André Gide, avanzado el tiempo, hasta el punto de que se ha considerado una de las mejores novelas de la literatura universal. En *La cartuja de Parma*, se abordan las vicisitudes de Fabrizio durante los últimos coletazos del régimen napoleónico (su título sigue resultándonos llamativo, pues el edificio de marras solo aparece una vez y al final de la novela, sin aparente transcendencia). Balzac, por su parte, se caracteriza por su naturaleza prolífica, ya que *La Comedia Humana* está conformada por noventa novelas (entre ellas, vale la pena recordar *Eugenia Grandet* o *Papá Goriot*).

La novela de la malcasada. Convergencias y divergencias

A su vez, Gustave Flaubert nos sirve para hablar del realismo y el naturalismo, así como de la novela de adulterio con su famosísima publicación de *Madame Bovary*, en 1857, tradicionalmente identificada con *Ana Karenina* de León Tolstoi (1877) y con *La Regenta* de Leopoldo Alas Clarín (1884). Aunque a primera vista son muchas las coincidencias, basta con un reconocimiento de estas tres novelas esenciales del realismo y del naturalismo para comprobar que son más las divergencias.

Curiosamente, Flaubert acusaría a Clarín de haberle plagiado en *La Regenta*, pero hay que decir que esa supuesta imitación debería interpretarse, en realidad, como una intertextualidad creativa a partir de un modelo con el que se dialoga; decimos curiosamente porque Flaubert decide crear una protagonista que lee novelas de heroínas románticas y, finalmente, termina confundiendo la realidad con las ficciones leídas (no habrá que hacer mucho esfuerzo para darse cuenta de que *El Quijote* de Cervantes está detrás de esta inspiración).

Es cierto que tanto en la novela de Flaubert como en la de Clarín nos encontramos con un matrimonio de conveniencia en el que una joven es casada con un hombre mayor, pero también es verdad que se trataba de una costumbre de la época; sea como fuere, este hecho conduce a la frustración de las mujeres, que las empujará a un adulterio llevado a escondidas, con las consiguientes enfermedades por amor o desamor de estas mujeres que perdieron a sus respectivas madres de manera prematura; además, ambas se entregan con denuedo a la lectura.

Estas concomitancias, desde luego, pueden llevarnos al error de identificarlas si no consideramos sus múltiples divergencias, como que, en Emma Bovary, es más la ficción literaria lo que la entrega en brazos de un amante y, en Ana Ozores, es más el instinto reprimido. Además, mientras que en la novela de Flaubert se plantea una tensión entre la visión subjetiva de la protagonista y la mostrenca realidad, en la de Clarín, es una tensión de orden social y religioso. Pero, quizá, la mayor diferencia resida en la diferencia radical del origen del impulso que mueve a ambas protagonistas: a Emma, el deseo generado desde lo ficticio, y a Ana, la realidad del erotismo. De hecho, estas diferencias se materializan en el resultado de sus cuerpos (el adulterio devasta el cuerpo de Emma, pero no el de Ana), siguiendo una interpretación moral según la cual Flaubert castiga a su protagonista y Clarín parece respaldarla.

Esto supone un extremo de especial interés si se relaciona con dos estilos confrontados: el disciplinado de Flaubert, que se toma la novela a modo de ejercicio —él mismo reconoció que era una novela «sobre nada»—, frente al pretendido estilo literario de Clarín, que se refleja en un hervidero lingüístico deliberado. Esta circunstancia nos conduce a interpretar la obra del francés como antirromántica (la idealización deformada) y la del español como todo lo contrario, debido a que se reivindica cierta ensoñación idealizada en un mundo hostil. Son, por tanto, dos fantásticas novelas que pueden disfrutarse sin identificarse, tal y como sucede con *Ana Karenina*: esta última resulta familiar y mantiene unas relaciones humanas enriquecedoras. Además, Ana Karenina se quita la vida ante la hostilidad que encuentra en la sociedad, Emma lo hace acuciada por las deudas y Ana Ozores no se suicida. Comparten el ser las grandes novelas del adulterio del siglo XIX y el haber generado exitosas adaptaciones cinematográficas o series televisivas.

Realismo ruso

De especial interés resulta el realismo ruso, sobre todo con las figuras universales de León Tolstói y de Fiódor Dostoievski. Las novelas de Tolstói, en general, siembran cierta esperanza en el futuro y suponen una invitación a la forma de vida tradicional rusa. Además de la mencionada *Ana Karenina*, son fundamentales *Guerra y paz* y *Resurreción*. La primera es una novela histórica sobre la guerra contra Napoleón y la invasión francesa que refuerza la vida tradicional rusa frente a los intentos de la burguesía de imponer un falso progreso. Es inolvidable la película de King Vidor que se inspira en esta epopeya en prosa, en la que

Guerra y paz de King Vidor

Pierre (interpretado por Henry Fonda) ama a Natasha (Audrey Hepburn) cuando Napoleón invade Rusia. La segunda, *Resurrección*, es una crítica a las instituciones rusas y, en particular, a la justicia, pues se narra la historia de una mujer que es arrojada a la prostitución y redimida después por quien la condenó.

Dostoievski quedó huérfano a los diecisiete años (primero, unos siervos mataron a su padre, que era terrateniente, y después vio morir a su madre) y, tras su compromiso socialista (con el pasar de los años, fue evolucionando hacia posiciones más reaccionarias), fue condenado a muerte por el régimen zarista, que decidió conmutarle la pena por trabajos forzados en Siberia. De vuelta en Rusia, pudo regresar con su mujer y viajar por Europa, lo que supuso que su afición al juego fuese cada vez mayor.

Tradicionalmente, se ha dividido su obra en dos grandes bloques: las producciones que se ocupan de lo social y las que se decantan por el carácter existencial. En el primer bloque, anterior a su destierro, podemos destacar *Pobres gentes*, que fue su primera obra y que supuso la creación de la novela social, y *Noches blancas* (una novela corta estructurada en cuatro noches que reivindica la libertad de amar, incluso cuando no se es correspondido o se trate de un amor imposible), pero las obras que le granjearán fama internacional pertenecen al segundo: *El jugador* (sobre la ruleta, un retrato propio sobre su ludopatía), *Crimen y castigo* (quizá su obra más importante, la cual anticipa, desde su trama, uno de los cuentos más famosos de Poe, ya que los remordimientos empujan a un joven asesino a confesar su culpa ante la policía), *El idiota* (que expone el fin de los ideales en una sociedad mediocre) y *Los hermanos Karamázov* (la trágica historia de un padre y sus cuatro hijos, fruto de diferentes madres, le sirve al autor para reflejar la decadencia de la sociedad de fin de siglo, totalmente amoral).

En todas ellas, descubrimos el espíritu cristiano del autor, que lo conduce hacia el amor por todas las criaturas, un realismo extremo y un tratamiento profundísimo y singular de los personajes. Las adaptaciones al cine de estas obras literarias también han sido frecuentes y exitosas; entre ellas, podemos nombrar *Match Point*, una película de Woody Allen que se basa en *Crimen y castigo* y que fue estrenada en 2005, o *Los hermanos Karamázov*, dirigida en 1958 por Richard Brooks y considerada como un clásico del celuloide. A la sombra de estos dos gigantes, otros narradores realistas escribieron sus obras, como Turgueénev, Goncharov o Nikolái Leskov.

En Inglaterra

Sin duda, este movimiento tampoco se entendería de manera holística sin el realismo inglés, coincidente con la época de la reina Victoria y uno de los más destacados. Las circunstancias históricas y las entregas mensuales provocaron un auténtico interés hacia unas novelas que viraban hacia una temática social y moral. La novela por entregas, muy asentada en Inglaterra, impone una serie de características a estas obras, como su gran extensión, su condición itinerante y el continuo suspense que, en general, conducirá al final feliz.

Charles Dickens y otros autores

El gran autor de este tipo de novelas, y el más exitoso, es Charles Dickens, cuya primera obra famosa fue *Los papeles póstumos del Club Pickwick*, una caricatura de tono humorístico que tuvo un éxito inmediato. Con *Oliver Twist* inaugura las novelas con protagonista huérfano cuya infancia presenta todo tipo de dificultades (es, además, la primera novela inglesa cuyo protagonista es un niño); tras las penurias, el protagonista se sentirá realizado, a pesar de que el cambio del campo a la ciudad no fuese tan beneficioso como parecía al principio —no olvidemos que, en la ciudad, estará sometido a Fagin y a su cuadrilla de delincuentes—. Han sido múltiples las adaptaciones al cine, a la televisión y al teatro musical; Roman Polanski dirigió una adaptación en 2005.

Este mismo enfoque de las adversidades durante la infancia aparecerá en su conocidísimo *Cuento de Navidad*, una novela corta que se centra en la ética sin renunciar a elementos sobrenaturales y nos presenta al inolvidable Mr. Scrooge (y su ya mítico «¡Bah, paparruchas!»), un hombre avaro y egoísta que odia la Navidad hasta que se transforma en un hombre bueno y generoso tras las visitas fantasmales, en plena Nochebuena, que le permiten viajar en el tiempo y concienciarse. Sin considerar las adaptaciones teatrales, casi inmediatas desde su publicación, *Cuento de Navidad* ha tenido numerosísimas adaptaciones, tanto cinematográficas (ya desde 1901) como televisivas.

También hay que recordar su novela parcialmente autobiográfica *David Copperfield*, que nos relata la dura vida en los internados infantiles y el ascenso del joven protagonista hasta que consigue ser escritor (adaptada a la gran pantalla por George Cukor en un clásico del cine de 1935); *Grandes esperanzas* —para algunos su obra maestra—, que cuenta la historia de Pip, un niño huérfano que sale de la miseria tras ayudar a un preso fugado y que finalmente conseguirá casarse con Stella, o *Historia de dos ciudades*, que se ambienta en la época de la Revolución francesa. Casi todas estas obras las publicó por entregas, tal y como se estilaba entonces y nos ha dejado uno de los mejores retratos de la sociedad inglesa del siglo XIX.

Otros novelistas ingleses fueron William Makepeace Thackeray (publicó por entregas *La feria de las vanidades*), las hermanas Brontë (las más conocidas son Emily Brontë con sus *Cumbres borrascosas*, considerada una obra maestra de la narrativa inglesa, y Charlotte Brontë, que escribió *Jane Eyre*, una de las primeras narraciones feministas; novelas sumamente cinematográficas que se basan en la pasión amorosa), Mary Ann Evans (que publicó bajo el seudónimo masculino de George Eliot novelas de mayor intelectualidad que las de las hermanas Brontë, como *Middlemarch*, que alude a una localidad de provincias), Henry James (nacido en Nueva York, pero nacionalizado británico como protesta ante la neutralidad norteamericana en la Primera Guerra Mundial y muy conocido por *Retrato de una dama*, cuya protagonista, tras rechazar a varios pretendientes, elige a quien la somete como una propiedad más, y por su singular *Otra vuelta de tuerca*, publicada ya a finales de siglo que, en un ambiente fantasmal de auténtica pesadilla, nos relata la historia de una institutriz —desde la voz y los pensamientos de la propia institutriz— al cuidado de dos niños y que mantiene una ambivalencia en sus interpretaciones), *sir* Arthur Conan Doyle (y su novela policiaca con el inolvidable Sherlock Holmes), Stevenson (del que se dijo algo respecto a los monstruos y *El extraño caso del Doctor Jekyll y Mr. Hyde*, sin olvidar su popularísima novela *La isla del tesoro*), Rudyard Kipling (nacido en Bombay durante el dominio inglés, primer escritor británico en recibir el Premio Nobel y el más joven hasta ese momento, 1907, cuyas novelas más conocidas son *El libro de la selva* —que es más bien una colección de historias—, *Capitanes intrépidos*, *Kim* o la novela corta *El hombre que pudo reinar*), Lewis Carroll (que, en pleno realismo, se decanta por una propuesta fantástica: *Alicia en el país de las maravillas* y su continuación *Alicia a través del espejo*, obras que desbordan el subgénero de literatura infantil y plantean apasionantes relaciones entre el lenguaje, la significación y el sentido; de hecho, célebres fragmentos del autor han quedado recogidos en prestigiosos estudios sobre pragmática y semántica; en todo caso, una interesantísima apuesta por la imaginación y por el carácter ilógico del absurdo que ha tenido mucha incidencia en la literatura del siglo XX y en las adaptaciones cinematográficas, que llegan a tiempos recientes de la mano de Tim Burton), Bram Stoker (irlandés fallecido en Londres que nos estremeció a finales de siglo con su celebérrimo *Drácula*, deudor de la exaltación de lo siniestro y de lo monstruoso románticos y todo un fenómeno cinematográfico desde la soberbia adaptación de F. W. Murnau en *Nosferatu* en 1922 hasta una de finales del siglo XX dirigida por Francis Ford Coppola, además de un indiscutible referente en la literatura de terror al desdibujar las fronteras entre la vida y la muerte con la creación de un personaje excepcional: el conde vampiro de Transilvania)

Cubierta de las célebres aventuras de Pinocho

o H. G. Wells (maestro de la ciencia ficción y padre del género junto a Verne y Gernsback con novelas como *El hombre invisible*, *La máquina del tiempo* o *La guerra de los mundos*; en las posteriores producciones, menos conocidas, el autor centra su interés en la gente humilde y en la liberación de la mujer, como es el caso de *Ana Verónica*, publicada ya en 1909).

Italia

Los autores con mayor repercusión universal en lo que se refiere al realismo italiano presentan una íntima vinculación con la literatura infantil; es el caso de los escritores Edmondo de Amicis y Carlo Collodi. El primero exalta el valor de la educación en *Corazón* y el segundo logró, y sigue logrando, un rotundo éxito con *Las aventuras de Pinocho*, un muñeco de madera que cobra vida gracias al deseo cumplido de su dueño, Geppetto. Esta obra está basada en el mito de Pigmalión, que se remonta a la Antigüedad clásica. Esta obra alcanzó una repercusión aún mayor con la película de Walt Disney en 1940, que difundió mundialmente la figura de Pepito Grillo —como la conciencia— o la relación entre las mentiras y que pueda crecer la nariz, como a Pinocho.

En otros países

Por último, conviene asediar la literatura portuguesa y norteamericana durante este período del realismo. En el caso portugués, el autor más conocido es José María Eça de Quirós, creador de la novela portuguesa

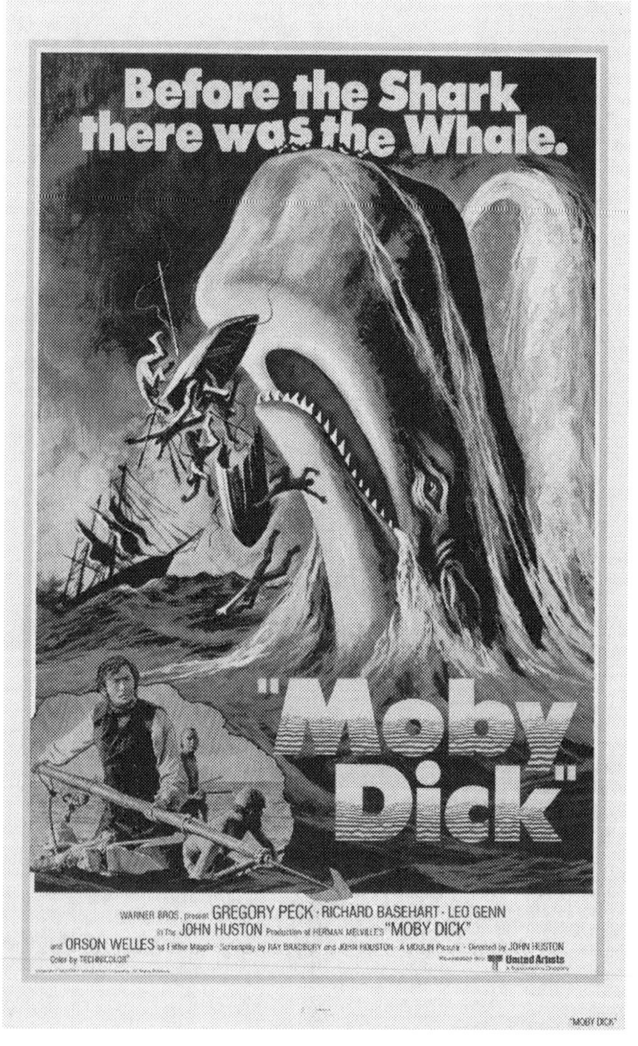

La película *Moby Dick* protagonizada por Gregory Peck

moderna. En sus obras, aborda una dura crítica social, como en *El crimen del padre Amaro* (contra el cinismo y los abusos del clero y que fue llevada al cine en 2002 por el director Carlos Carrera con Gael García Bernal como protagonista) o *El primo Basilio* (una parodia del amor romántico sobre el adulterio que no prescinde del incesto, llevada a la gran pantalla en 2007). En Polonia, hay que recordar al premio nobel Henryk Sienkiewicz, con su novela histórica acerca de los orígenes del cristianismo *Quo vadis?*, de célebre adaptación al cine, o al checo Jan Neruda, conocido por sus *Cuentos de la Malá Strana* y porque el poeta chileno del siglo xx Neftalí Ricardo Reyes Basoalto lo popularizó con su seudónimo: Pablo Neruda.

Antes de abordar brevemente el naturalismo, nos ocuparemos de manera sucinta de la joven literatura norteamericana, en la que podemos destacar al primer autor importante: Washington Irving, con sus *Cuentos de la Alhambra* de ambientación medieval y exótica; Nathaniel Hawthorne y su famosa novela *La letra escarlata* sobre los primeros colonos y una mujer acusada de adulterio marcada con la letra A en su pecho como condena; y Herman Melville, del que dijimos algo acerca de su monstruosa ballena *Moby Dick*, que conducirá hasta la tragedia al capitán Ahab en una alegoría del engreimiento humano por domeñar la naturaleza o vencer al mal, y que fue precursor esencial del existencialismo kafkiano con su soberbia novela corta *Bartleby, el escribiente* y su celebérrimo «I would prefer not to» ('preferiría no hacerlo'), tan de la órbita de lo fantástico como reivindicación de la libertad individual. Las películas basadas en *Moby Dick* han sido variadas, pero la más destacada es la dirigida en 1956 por John Huston y protagonizada por Gregory Peck, cuya interpretación del capitán Ahab ha fagocitado prácticamente al personaje literario.

También destacan Jack London (autor de *Colmillo blanco* y *La llamada de los salvajes*) o Mark Twain (seudónimo de Samuel Langhorne Clemens), considerado como el novelista más importante de este período. Es conocido sobre todo por dos novelas: *Las aventuras de Tom Sawyer* y su secuela, *Las aventuras de Huckleberry Finn*, en las que ataca la esclavitud y los excesos del imperialismo mediante la descripción reivindicativa de las costumbres propias, amenazadas por la fiebre de la civilización; sin olvidar obras exitosas como *El príncipe y el mendigo* o *Un yanqui en la corte del rey Arturo*.

Para concluir este capítulo, trataremos brevemente el naturalismo y el género dramático durante el realismo y el naturalismo. Este último parte de una concepción estética derivada de una interpretación extrema y un tanto feísta del realismo.

El naturalismo

Literariamente, se basa en considerar la novela como objeto científico y en radicalizar el determinismo realista. Ello supone para la novela la asunción del fatalismo, la sordidez, el análisis científico, la disección, la denuncia social y la aparición de personajes marginados (de alcohólicos, prostitutas y dementes). Encontró especial predicamento en Francia y el principal autor es Émile Zola, con obras como *Naná* (cautivadora cantante de escasa calidad), *Germinal* (trágica historia de los mineros, sus revueltas y la brutal represión consiguiente) o *La taberna* (acerca del alcoholismo); en sus novelas finales tendió ya al simbolismo. Otros autores franceses en esta misma línea fueron Guy de Maupassant (gran novelista del naturalismo —recuérdese *Bel Ami*, sobre la adquisición del prestigio social a toda costa— y auténtico maestro del relato: «El collar», «Bola de sebo», etc.) y Alphonse Daudet (muy conocido por su trilogía sobre un engreído hombre de provincias: Tartarín de Tarascón). El realismo en España dio grandes narradores como Galdós y Clarín, aunque el naturalismo no caló con profundidad, ya que las convicciones católicas no armonizaban con los preceptos deterministas (se habla de un naturalismo superficial en ciertos pasajes de Emilia Pardo Bazán o Vicente Blasco Ibáñez).

Otros géneros durante el realismo y naturalismo

Pese a que el género indiscutible es el novelístico, no podemos olvidar otros géneros como el teatro —aunque no podamos considerarlo como estrictamente realista— o el cuento. Así, hay obras que merecen referirse en un ambiente general de escasa calidad, como *La dama de las camelias* de Alexandre Dumas (la redención de una cortesana), *El inspector* de Gógol (crítica a la burocracia), *La casa de muñecas* (denuncia de la situación de la mujer) o *Un enemigo del pueblo* (sobre la libertad y la soledad) de Ibsen y *La gaviota* (acerca del amor) de Chéjov, autor muy destacado por sus cuentos de *La dama y el perrito*, de

Una escena de la representación
de *La casa de muñecas* de Ibsen

resonancia universal, y caracterizado por su condensación significativa.

El naturalismo se convierte en un tránsito necesario hacia la modernidad de las diversas corrientes del fin de siglo, materia del siguiente capítulo.

9

La modernidad literaria: del fin de siglo a la Primera Guerra Mundial

Crisis finisecular. Corrientes

El marbete de este capítulo lleva la denominación de «fin de siglo», que, por antonomasia y desde el francés, se refiere al período que transcurre entre 1867 y 1916 aproximadamente, es decir, al fin del siglo XIX. Se trata de una diversidad de corrientes que se nutren del romanticismo y que reivindican el idealismo frente al positivismo materialista y científico del realismo y del naturalismo que las precede (recuérdense a este respecto las lúcidas palabras del decadente Huysmans: «Cuando el materialismo hace estragos, surge la magia»), a pesar de que en ocasiones se producirán solapamientos inevitables.

Este fin de siglo, desde el punto de vista estético, supone un paso más en la autonomía de la obra

Cubierta de *El retrato de Dorian Gray* de Oscar Wilde

artística respecto de las referencias reconocibles para procurar una base excepcional a las vanguardias, que la elevarán a la máxima expresión mediante la autorreferencialidad, la conversión de la obra de arte en un objeto significativo en sí mismo. Desde luego, una profunda crisis de la conciencia burguesa (en realidad, una crisis generalizada propia de un siglo que periclita y que insta a una redefinición o a una reinvención) y un rechazo a la excesiva industrialización, unidos a un espíritu rebelde que tremola el confalón de la originalidad y la libertad, provocan una nueva cosmovisión, lo que entronca directamente con el espíritu decadentista, consciente de que con él acaba algo, pero también se inicia algo nuevo.

En el caso concreto de la literatura hispanoamericana, que tendrá su propio capítulo, supone el nacimiento identitario y el primer momento en el que, incluso, se tratará de una literatura que actuará de manera pionera. A sabiendas de la condensación que ha de suponer una monografía de esta índole, es importante poner de manifiesto que el arte o la actitud de los artistas finiseculares no puede considerarse como de mera evasión, como un simple escapismo de una realidad que no les gusta, a pesar de que en la mayoría de los manuales y de los estudios panorámicos o de conjunto se haya considerado así. Ciertamente, son artistas insatisfechos con el mundo que le ha tocado vivir, afectados por el *spleen* y por el *ennui*, esto es, por el hastío y el tedio vitales, por el aburrimiento existencial, pero, si se refugian en el arte, no es de manera superficial; feérica o meramente escapista, sino como una forma de reconciliarse precisamente con la esencia del ser humano. Quizá la mejor metáfora nos la deje el irlandés de fin de siglo más universal, Oscar Wilde, con su *Retrato de Dorian Gray*, en el que el protagonista no pretende evadirse en el arte, sino vivir en él, instalarse biológicamente.

Características generales

Fue una época para recuperar el idealismo, de aparición de la bohemia, de anarquismo y aristocratismo, de espíritu decadente y esotérico, de presencia del erotismo (desde el refinado hasta el perverso) y de militante cosmopolitismo, de total apertura. Aun asumiendo la multiplicidad de corrientes que conforman el fin de siglo, hay ciertas características comunes, como el esteticismo y la idea de apurar el goce en la premonición de las ruinas de una profunda crisis humana en la ciudad alienante que engrandece la figura sublime y marginal de los poetas malditos.

Sin duda, el gran género literario de esta época es el lírico, en el que encontramos un hondo cultivo de la belleza o de lo siniestro (esteticismo; incluso en la apariencia propia del poeta, bien como bohemio, bien como *dandy*), un rechazo a los convencionalismos y a la sociedad burguesa biempensante (el poeta se margina voluntariamente y confraterniza con todos los personajes marginales), el idealismo (y, por lo tanto, la aparición de lo absoluto y de la categoría estética de lo sublime, síntoma de la rabiosa modernidad y traducción estética de lo que nos atrae al mismo tiempo que nos destruye —piénsese en la *femme fatale*—), el subjetivismo y la transcendencia de un sujeto desarraigado que se busca en el espiritualismo.

Las principales corrientes de fin de siglo, que presentan las características que hemos abordado, son el parnasianismo, el simbolismo y el decadentismo, que, en numerosas ocasiones, se solapan o confluyen. El parnasianismo aglutinó a los poetas franceses que publicaban en la revista *Le Parnasse*

Portada de la famosa revista francesa *Le Parnasse* contemporain

contemporain y que orbitaban en torno a la poesía de Théophile Gautier y Leconte de Lisle.

Reaccionaron contra el exceso de sentimentalismo romántico y pretendían una poesía despersonalizada que anticipará la literatura de vanguardia, aunque antes se verá desbordada por la propuesta sugestiva, individual y connotativa del simbolismo. Hay una clara búsqueda de la perfección formal que, unida a la despersonalización, les valió el marchamo de la frialdad en su exaltación del arte por el arte como fin en sí mismo, de perfección escultórica.

Se considera la poesía como un espacio sagrado en el que tiene cabida una naturaleza exuberante —pero refinada—, lo oriental y lo exótico, lo medieval y la Antigüedad clásica. Mostraba preferencia por las líneas puras, el equilibrio y la serenidad en una poesía mayoritariamente descriptiva. El poeta parnasiano trata de sugerir los vínculos mediante los que un objeto es capaz de evocar a otro, e intenta —preparando el terreno al simbolismo— referir lo abstracto a través de lo concreto con la creación de símbolos, como ocurre con el famoso cisne para aludir a la belleza. El preciosismo léxico y la sonoridad de los vocablos delatan el necesario culto de lo artificioso para generar belleza.

El simbolismo

El primero en utilizar el término *simbolismo* fue el poeta Jean Moréas en 1885, concretamente en su *Manifiesto simbolista.* Después, este término sirvió para denominar también un nuevo tipo de pintura, debido a que tanto en las creaciones literarias como en las pictóricas latía una misma motivación. Surgió como contrapunto del realismo y del naturalismo en la reivindicación de lo ideal, lo espiritual, lo imaginativo y lo onírico y promovió el sensualismo mediante la sugestión y la contaminación de lenguajes artísticos, por lo que enalteció la sinestesia como principal resorte estético-ético que concitaba la idealización de la metáfora, la musicalidad y la plasticidad de las conexiones artísticas.

Tras sus hallazgos reivindicativos de un movimiento nuevo (*El mar de las sirtes*, *Las cantilenas*), Jean Moreás, de origen griego, pero nacionalizado también como francés, viró hacia posiciones clasicistas (*Las estancias*).

Baudelaire y el nacimiento de la modernidad

En esta corriente, sobresale el poeta francés Charles Baudelaire, que representa el inicio de la lírica moderna, un punto de arranque de numerosos movimientos de la modernidad. Baudelaire es el primer poeta contemporáneo de la literatura universal y uno de los poetas malditos por antonomasia. Su vida bohemia y marginal parecía predeterminada desde su infancia; huérfano de padre, ya a los dieciocho años fue expulsado del internado en el que residía y llevó una vida plagada de excesos —contrajo la sífilis— y, muy pronto, debido a la vida escandalosa junto a una mulata, dilapidó la herencia de su padre y se llenó de deudas sin que su familia, que intentó tutelarlo judicialmente, pudiera evitarlo. También tradujo la obra de Poe al francés, por lo que las influencias son evidentes, como las del conde de Lautréamont, seudónimo del francouruguayo Isidore Ducasse, autor de los *Cantos de Maldoror*. Precisamente a este autor le dedica expresamente una parte de *Las flores del mal*, publicada en 1857, obra que le hizo comparecer inmediatamente ante los tribunales por «atentar contra la moral pública». Tuvo que pagar una multa y suprimir algunos poemas.

Los Cantos de Maldoror constituyen una colección de poemas compleja de clasificar; para la mayoría, constituye el caldo de cultivo del simbolismo y podría formar parte de la literatura decadentista, no en vano es toda una poética del mal; para otros, se trataría de un ejemplo de tendencia posromántica y, desde André Bretón, se considera un antecedente directo del surrealismo. Resulta innegable su condición de vestíbulo de las vanguardias en tanto en cuanto constituye un ejemplo de poesía que se basta a sí misma, que es autorreferencial.

Les fleurs du mal se divide en seis partes: «Spleen e ideal», «Cuadros parisinos», «El vino», «Flores del mal», «Rebelión» y «Muerte». El propio título del libro, al unir la belleza con lo maldito, dibuja tanto lo sublime como lo siniestro. En este libro aparece su teoría sobre las correspondencias y la cosmovisión del mundo como «un bosque de símbolos». Es el primer gran libro de poesía urbana y la mujer, tema transcendental, aparece como salvación y como perdición de manera absolutamente conciliable (fruto, quizá, de la fusión entre la idealización femenina prerrafaelita y de la *femme fatale*, los dos principales modelos finiseculares). De igual forma, lo maldito guarda un filtro de divinización, de libertad y de rebeldía en una relectura moderna de la interpretación romántica. Su otra publicación fundamental es la de *Los paraísos artificiales*, una colección de poemas en prosa con los que pretendió buscar nuevas formas para la modernidad, en los que aborda las drogas y su creación de nuevos espacios, claramente influido

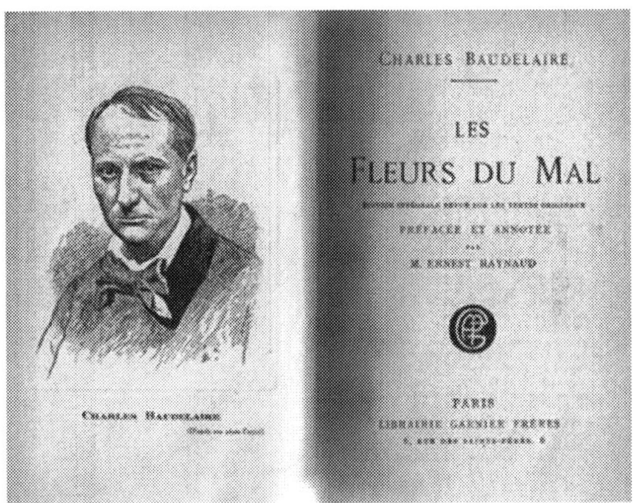

Portada original de *Le fleurs du mal*, de Baudelaire

por *Confesiones de un inglés comedor de opio*, del poeta británico Thomas de Quincey. En todo caso, el propio poeta admitió no haber alcanzado las cotas poéticas esperadas, pues, con esta obra, pretendió traducir *Las flores del mal* a prosa poética (aunque el ambicioso proyecto quedó en el primer tercio). En 1866, padeció una hemiplejía que lo dejó sin habla y sin la posibilidad de escribir; falleció en París al año siguiente. Resulta muy difícil no aplicarle su propia poesía, pensemos concretamente en «El albatros», incluido en la parte de «Spleen e Ideal», cuando define al poeta: «sus alas de gigante le impiden caminar».

Seguidores. Poesía y malditismo

Muchos poetas siguieron su estela. Entre ellos, los poco conocidos Tristan Corbière y Jules Laforgue. El primero fue incluido entre los poetas malditos que seleccionó Paul Verlaine —el cual lo califica como «asombroso Corbiére»—, y fue una persona enfermiza que murió de tuberculosis a los treinta años. Solo dejó *Los amores amarillos*, una obra ensalzada por Juan Ramón Jiménez como la de un poeta profundamente moderno y que influye decisivamente en la poesía de Jules Laforgue —también franco-uruguayo, como Lautréamont—, que se centró en el hervidero de las grandes ciudades (profundo síntoma de modernidad) desde un tono cínico y que anticipó la experiencia vanguardista con las asociaciones insólitas de imágenes e ideas. Se trata de una obra que ha influido enormemente a los poetas posteriores (sin su poesía, sería complicado entender el surrealismo o la poesía inglesa del siglo xx, especialmente la de T. S. Eliot). En vida, publicó dos obras: *Las lamentaciones* y *La imitación de Nuestra Señora la Luna*.

Además, junto a Rimbaud, introdujo el verso libre en Francia, pero, desde luego, los tres grandes sucesores de Baudelaire para la posteridad fueron Paul Verlaine, Arthur Rimbaud y Stéphane Mallarmé. Paul Verlaine comenzó con una poesía parnasiana (*Poemas saturnianos*, publicados en el primer *Parnaso contemporáneo*), prosiguió con una poesía imaginativa con *Fiestas galantes*, en la que incorpora lo pictórico desde una concepción sinestésica (no en vano, *fiesta galante* alude a un género en pintura que representa escenas de la vida cortesana en ambientes bucólicos y desde una estética rococó; concretamente, Verlaine se inspira en las pinturas de Watteau) y con *La buena canción*, un poemario dedicado a su flamante esposa, Mathilde Mauté. Estas dos últimas obras orbitarían en torno al simbolismo, donde importa mucho más sugerir que decir y donde el paisaje se carga de simbología anímica.

Sin embargo, esta vida organizada se ve absolutamente condicionada por la aparición de un joven poeta: Arthur Rimbaud. Es entonces cuando se producen las vicisitudes de escándalo típicas de los poetas malditos. Verlaine emprende una tormentosa relación con el joven poeta y abandona a su mujer. Tras algunos viajes, las constantes disputas se agravan y Verlaine dispara contra Rimbaud, ante la amenaza de abandono por parte de este, lo que le cuesta la cárcel (durante los dos años de prisión, su mujer consigue el divorcio y nuestro poeta se convierte fervientemente al catolicismo). Al salir de la cárcel, busca desesperadamente a Rimbaud y su último encuentro le cuesta unos navajazos, por lo que decide retirarse al campo, donde tuvo más libertad. Tras el intento de estrangulamiento contra su madre, volvió a la cárcel, enfermó y, de nuevo, convirtió a la mujer en su absoluta veneración.

En su madurez, fue ya un poeta de prestigio; publicó *Romanzas sin palabras*, en la que aborda su relación con Rimbaud, y *Cordura*, de inspiración religiosa. Su obra fue un referente tanto para poetas franceses y españoles como para hispanoamericanos. Además de su obra poética, hay que hablar de sus escritos de crítica literaria (*Los poetas malditos*) y autobiográficos (*Confesiones*).

El caso del joven Rimbaud sigue resultándonos insólito, ya que su producción poética se concentra en cuatro años y se publica gracias a Verlaine, su mentor. Se trata de poemas compuestos entre los quince y los diecinueve años que conforman sus grandes obras: *El barco ebrio*, *Una temporada en el infierno* e *Iluminaciones*. La libertad formal, el deslumbramiento, la espontaneidad, lo onírico, la genialidad y el carácter irracional más íntimamente humano le otorgan un estilo único que se convirtió en modelo para los surrealistas. Con un talento precoz y una vida turbulenta, muere en Francia por la amputación de una pierna con un tumor, tras regresar de África, donde transcurrieron sus últimos años como comerciante de armas.

De la espontaneidad de Rimbaud, llegamos a la experimentación con el lenguaje poético de Stéphane Mallarmé, cuya poesía es muestra del tránsito desde la poesía de fin de siglo hasta las vanguardias mediante la estética de la autonomía para la obra artística. Precisamente, Mallarmé pretendió reflejar aquello que no se ve, pero que está detrás de todas las cosas, para lo que necesitó de una poesía total y de la capacidad de la sugestión; en realidad, compuso una auténtica poética del fracaso (murió de él), que dejó plasmada en *Herodías*, *La siesta del fauno* o *Un golpe de dados nunca abolirá el azar* (un experimento visual de naturaleza vanguardista). Fueron memorables las reuniones en su casa, a las que asistían pocos pero incondicionales poetas como Paul Valéry o André Gide, considerados ya postsimbolistas, como también eran Yeats o Rilke. Sin duda, Baudelaire, Rimbaud y Mallarmé constituyen la base ineludible de la poesía contemporánea.

Paul Valéry, que dictó una conferencia sobre la poesía pura en la Residencia de Estudiantes de Madrid ante los poetas del grupo del 27, reconoció en Mallarmé a su maestro, con el que estableció una profunda amistad. Destaca *El cementerio marino*, plagada de reflexiones sobre la vida y la muerte en una demostración de poesía trabajada desde la intelectualidad para hallar lo líricamente puro. Lo sorpresivo, lo metafórico y la metapoesía conforman los principales ejes de su poética, susceptible de diversas interpretaciones. El irlandés William Butler Yeats también pertenece al postsimbolismo y, pese a su habitual hermetismo, se encuentra entre los mejores poetas de aquel momento. La superación del simbolismo que propone su obra, que arranca de William Blake y de Mallarmé, se explica desde su intento por renunciar a la referencialidad externa para fomentar un lenguaje capaz de crear su propia realidad. Desde *La rosa*, su primer libro, de carácter neoplatónico y simbolista (bien, bondad y belleza) hasta *La torre*, diálogo entreverado de juventud y madurez, de impulso y de pérdida, el poeta deja que su poesía sea permeable a lo cotidiano y, en ocasiones, a lo coloquial.

Por su parte, Rainer María Rilke nació en Praga y su poesía, escrita en alemán, pasa por ser una de las más importantes en su lengua a lo largo y ancho del siglo XX. Su obra suele dividirse en tres jalones: posromántico (*El libro de las horas*), de aprendizaje y plasticidad (*Nuevos poemas*) y de exaltación natural como redención para la angustia humana (*Elegías de Duino*). Además de su obra poética, hay que destacar su trabajo epistolar, entre el que destaca *Cartas a un joven poeta*, recomendación obligada para quien quiera dedicarse a la poesía.

Impresionismo y fin de siglo

Esta poesía de fin de siglo dialoga inevitablemente con la pintura impresionista de la segunda mitad del siglo (Pissarro, Monet, Degas, Sisley, Renoir y Cézanne), ya que comparte los presupuestos anticonvencionales, rebeldes, modernos y contrarios al academicismo, sin olvidar que el culturalismo finisecular y su apuesta sinestésica potencia la interrelación entre las artes.

Lírica anglosajona

Además, en la línea de la profunda renovación lírica, hay que mencionar los interesantísimos esfuerzos de la lírica anglosajona en poetas como Alfred Tennyson (de tendencia posromántica, muestra una poesía mitológica y de temática medieval), Algernon Charles Swinburne (colaborador de la hermandad prerrafaelita, miembro de la poesía decadente con temática erótica y sexual que cubre la homosexualidad, sin olvidar la pulsión de muerte), Dante Gabriel Rossetti (poeta, pintor, traductor y fundador de la hermandad prerrafaelita junto a Millais y Hunt, con una poesía llena de carnalidad, sensualidad y erotismo); Walt Whitman (para muchos, el principal autor norteamericano, cantor de una epopeya moderna que arranca con la publicación de *Hojas de hierba* y sus sucesivas ampliaciones desde una voz vitalista y exaltada que se articula mediante el verso libre, instalado ya en la modernidad, la abierta sexualidad y la exaltación de lo cotidiano y pequeño como dimensión transcendental) o Emily Dickinson (a diferencia de Whitman, es una poesía intimista en la que la voz femenina indaga en el amor y la soledad desde una condensación expresiva que no renuncia a los elementos de la naturaleza). También encontramos a Edgar Allan Poe, que parte del romanticismo para llegar a la modernidad en su libro de poemas *El cuervo*. Sin duda, es uno de los autores más influyentes de fines del siglo XIX y es conocido, sobre todo, por sus cuentos siniestros de terror y por auténticas obras maestras como «El corazón delator», que aúnan lo siniestro, lo grotesco, lo maldito y la amputación con absoluta maestría en un manejo soberbio del suspense, «La carta robada», «La caída de la Casa Usher» o «Los crímenes de la calle Morgue» (hasta el punto de que se le considera el creador del género policiaco). Por último, tenemos al decadente irlandés Oscar Wilde, al que la poesía acompaña en sus inicios y en el final de su carrera. Al parecer, fue la mejor manera de expresión para el ascenso y para la caída —murió en la absoluta pobreza— de este irlandés universal, muy permeable a la literatura que le precedió (Wordsworth, William Morris, Rossetti, etc.) y profundamente innovador en la poesía decadentista, enriquecida por su hondo conocimiento de los clásicos y su devoción por Dante. Además de poeta y dramaturgo, hay que destacar su faceta como narrador tanto de novelas (con *El retrato de Dorian Gray*, un canto al decadentismo y a la condición libertina), como de cuentos, recopilados en diferentes colecciones como, por ejemplo, *El príncipe feliz* y otros relatos. Dejó también para la literatura universal su *De profundis*, un desgarrador escrito motivado por su encarcelamiento, debido a su homosexualidad.

Teatro finisecular

En capítulos anteriores, dijimos algo acerca de las innovaciones teatrales de la segunda mitad del siglo XIX al mencionar las obras del noruego Henrik Ibsen, pero reciben un empuje especial con la concepción

Salomé de Wilde, con estética decadentista

del compositor Richard Wagner, que entiende la ópera como una obra de arte total. Se abordó someramente la figura de Ibsen por su condición naturalista, pero no debemos olvidar tanto su condición simbolista como expresionista, que lo convierten en inspiración directa de los grandes dramaturgos posteriores (Chéjov, Shaw,

Strindberg, Pirandello y del famoso teatro americano actual, con Miller, O'Neill o Williams). Al revulsivo finisecular, se suman también Maurice Maeterlinck y su propuesta teatral simbolista (piénsese en *El pájaro Azul*) o Wilde desde su teatro, en el que destaca *Salomé*, ya que sintetiza la estética decadente y la desesperada búsqueda de la belleza en el hallazgo de la destrucción propia, además de servir como punto de partida para la ópera de Strauss; sus refinadas comedias lo consagraron: Un marido ideal, *El abanico de lady Windermere* o *La importancia de llamarse Ernesto*, con juego de palabras incluido (pues el nombre, en inglés, alude a la formalidad).

Modernismo, ¿antesala de los -ismos?

Las diversas y esteticistas corrientes finiseculares (sin olvidar las repercusiones del modernismo hispánico, un hibridismo de corrientes finiseculares que, tras los primeros intentos, cristalizan en la poesía de Rubén Darío, Antonio Machado o Juan Ramón Jiménez) constituyen un ejemplo imprescindible para indagar en los hallazgos de los convulsos movimientos de vanguardia, asunto para otro capítulo.

10

La subversión iconoclasta de las vanguardias artísticas y literarias: la literatura de entreguerras

Literatura entre dos guerras

La literatura de entreguerras (entre la Primera y la Segunda Guerra Mundial) supone una renovación de primer orden en todos los géneros, habida cuenta de la hondísima impronta que dejan las trágicas consecuencias históricas y de la huella indeleble de la Revolución rusa, sin olvidar que el fin de la Gran Guerra abre un nuevo período, a partir de la Segunda Guerra Mundial, en el que Europa cede su hegemonía a Estados Unidos.

Las vanguardias europeas

Sin embargo, esta literatura no podría comprenderse sin la definición que Baudelaire nos ofrece sobre la modernidad, caracterizada por lo transitorio, lo fugitivo, lo contingente y lo fragmentario. Sobre esta base conceptual se erigen los movimientos de vanguardia, que hunden sus raíces en el inconformismo, en el espíritu rompedor y en la idea de provocar al espectador mediante la permanente sorpresa. Se trata de un fenómeno claramente europeo y no pueden entenderse las vanguardias literarias independientemente de las artísticas, pues, en realidad, se retroalimentan.

El común denominador de las vanguardias es su espíritu rupturista, tanto de la tradición (aunque ello supuso encendidas polémicas, puesto que para algunos artistas resulta imposible hacer desaparecer todo lo anterior, con lo que necesariamente se disentía o se asumía, pero que seguía siendo algo imposible obviarlo) como de la realidad circundante. Es este punto el que confiere a las vanguardias (término procedente del ámbito castrense, ya que se refiere a la primera línea de batalla) su auténtica naturaleza, que se explica desde esa gradación que hemos ido dibujando a partir del romanticismo y que alcanza su cumbre con las vanguardias al hacer de las obras de arte objetos autorreferenciales ajenos a la significación mediatizada por el entorno reconocible (a lo que se suma la aparición del cine, que hará las veces de potenciador esencial en cuanto a la fusión y confusión entre lenguajes artísticos).

De ahí que la metáfora extrema enraizada en el ilogicismo o el ámbito de lo onírico e incluso de lo pornográfico, funcionen como resortes para independizar la forma artística de cualquier referente del contexto con el fin de otorgarle a la materia artística un significado en sí mismo. Aunque comparten este magma común, las vanguardias, sustanciadas en los consiguientes manifiestos y en las puestas de largo

Las señoritas de Avignon de Picasso, muestra por excelencia del cubismo artístico

escandalizadoras (eran actos en los que se insultaba al público o se le lanzaban escupitajos para provocar reacción y eco mediático), presentan algunas singularidades.

Las vanguardias europeas suponen una absoluta novedad no solo en cuanto a la concepción de la obra artística por parte del creador, sino en la relación que se establece entre aquella y el receptor, al que se apela pragmáticamente como constructor artístico, eludiendo el papel pasivo que venía otorgándosele tradicionalmente. A pesar de que suele asignársele al futurismo el honor de ser el primer movimiento de vanguardia (fechado en 1909), podemos considerar como anterior al cubismo, ya que, en 1907, aparecen *Las señoritas de Avignon* de Pablo Picasso, que nos propone la bimensionalidad —desde la geometría— como sustituta de la tridimensionalidad circundante. En literatura, este juego de formas se traduce mediante caligramas, en los que la forma del poema adquiere significación en sí misma aprovechando su disposición visual.

Cubismo y formas significantes

Son muy conocidos los caligramas de Guillaume Apollinaire (escritos entre 1913 y 1916 y publicados como *Caligramas: Poemas de la paz y de la guerra*), todo un desafío visual de rabiosa actualidad. Pese a que, en sentido estricto, no podemos considerar el futurismo como el primer movimiento, debemos admitir su especial capacidad pionera en articular con coherencia estos impulsos novedosos y rupturistas. Quizá ello se deba a que exalta el progreso, la máquina, la rapidez, la energía y todos los avances tecnológicos.

Futurismo y velocidad

El polémico Tomasso Marinetti proclama la superación de la tradición asentada a lo largo del tiempo y, en su lugar, representativo de lo caduco y lo decadente. Se privilegian los materiales nuevos y se lleva la provocación hasta el extremo al sostener que «un automóvil rugiente que parece correr sobre la metralla es más bello que *la Victoria de Samotracia*». En el ámbito de la literatura, se intensifica la ausencia de sentimentalismo, la ruptura de la sintaxis y la desaparición de los adjetivos, culpables de la afectación y la efusión de sentimientos. Al promover los nuevos inventos tecnológicos, les confieren valor poético y los convierten en protagonistas de sus poemas (el teléfono, el tranvía, la bombilla, etc.). Además de Marinetti, destaca la poesía de Mayakovski, que unió compromiso y vanguardia en su defensa de la Revolución rusa.

Lo grotesco y el expresionismo

Seguidamente, podríamos datar el surgimiento del expresionismo en torno a 1910 y, en sus orígenes, se menciona habitualmente el esperpento de Valle Inclán, dado que se trata de una estética sistemáticamente deformada, tal y como se reconocerá en pinturas como *El Grito*, de Munch, o las obras pictóricas de Kokoschka. Típico del movimiento de entreguerras, muestra el pesimismo surgido de la Primera Guerra Mundial y la desesperación y la angustia que despierta la violencia. En este movimiento predomina lo transcendental, una visión tan crítica como desengañada, una expresión estridente del sufrimiento en la que prevalecen lo calamitoso, el feísmo, lo caótico. La literatura impregnada por este movimiento es bastante rica; desde Franz Werfel, Gottfried Benn y Georg Trakl hasta Franz Kafka, James Joyce, Samuel Beckett o Bertolt Brecht, pasando por la prosa fragmentaria del novelista austriaco Robert Musil (*El hombre sin atributos*, su obra más conocida, es una novela inacabada de índole histórico-filosófica protagonizada por Ulrich y de enorme influencia en el siglo xx). Ahora bien, su transversalidad lo convierte en un movimiento furioso que impregnó también la pintura o el cine (recuérdese la genial película muda *El gabinete del doctor Caligari* de Robert Weine, todo un clásico en el que los decorados llaman especialmente nuestra atención por su carácter expresionista).

Imaginismo y Pound

Si continuamos con la diacronía de las vanguardias (profundamente sincrónicas), hallamos que el imaginismo surge con fuerza en la cultura anglosajona, concretamente en Inglaterra en el año 1912, y que de ella participan también importantes escritores norteamericanos como Amy Lowell, Hilda Doolittle, Fletcher y Ezra Pound. Este último es el miembro más destacado, el cual, además, perteneció a la llamada «generación perdida» y fue una ineludible fuente de inspiración para la generación *beat* y para los novísimos españoles; apoyó el fascismo de Mussolini y dio continuas muestras de antisemitismo. *Cathay* es la mejor muestra de imaginismo; una exaltación de la metáfora en ambientación del Extremo Oriente y con una gran repercusión de los *haiku* japoneses, pero su gran obra fue *Cantos*, a la que dedicó toda su vida y que es una muestra de la incorporación de la poesía antigua a la modernidad desde el fragmentarismo. Por último, de manera tangencial, tambien encontramos a T. S. Eliot. Estos autores se caracterizan por una expresión sencilla y directa que se apoya en la precisión de las imágenes, de ahí su denominación.

Dadá

El dadaísmo es de los pocos que van a la zaga del futurismo por lo que se refiere a número de actos y de manifiestos. Podemos situarlo en torno a 1916, en Suiza, con el rumano Tristán Tzara como principal representante. Presenta una deuda directa con el llamado «mal de siglo» de finales del xix y se define como un movimiento que pretende acabar con la lógica y que ensalza como demiurgo de la creación al azar. Por eso, combate todo lo establecido y se identifica con el prefijo *anti* para destruir cualquier tipo de significación convencional. Al parecer, el mismo nombre de esta Vanguardia se eligió al azar; para algunos, proviene del francés *dada* ('caballo de juguete') y, para otros, proviene bien del balbuceo de un niño en su reivindicación de lo primigenio (de la *tabula rasa*), bien de la expresión para la nadería, para el absurdo). Sea como fuere, en este movimiento se pueden incluir personalidades como la de Marcel Duchamp (y su celebérrimo urinario masculino, convertido en obra de arte al independizarlo de su utilidad y de un contexto apropiadamente referencial), o la del escultor, poeta y pintor francoalemán Jean Arp, uno de sus fundadores. Todos son firmes partidarios del *collage* azaroso y de la absoluta arbitrariedad, sin renunciar a la burla y a la desacralización del arte.

Surrealismo e irracionalidad

Por su parte, el surrealismo sería una de las vanguardias más tardías, deudora sobre todo del dadaísmo y del cubismo. De hecho, surgiría de una escisión dadaísta, liderada por André Breton, tiránico a la hora de aceptar o rechazar miembros; Paul Éluard, que nunca renunció a la temática del amor, a pesar de su implicación política, y Louis Aragon, que pasó del surrealismo a la literatura comprometida. Se incorporaron también Buñuel, Dalí, el fotógrafo Man Ray y el pintor Yves Tanguy.

Su objetivo es indagar bajo lo real mediante el subconsciente y la irracionalidad de los sueños (sumamente influida por las ideas de Sigmund Freud) sin distinguirlo de la dimensión cotidiana. Así, llega a defender la escritura automática, es decir, la capacidad de escribir sin las interferencias del raciocinio o de la consciencia-voluntariedad, el amor loco (desatado por los deseos reprimidos, impelidos por la búsqueda) y el azar como constructor de metáforas insólitas, de asociaciones libres y de mezcla de elementos de toda condición.

En este movimiento, podemos situar un corto cinematográfico como *Un perro andaluz*, de Luis Buñuel, que inaugura la técnica del surrealismo en el lenguaje del cine (con la colaboración del genial pintor Salvador Dalí y del poeta granadino universal Federico García Lorca). La famosísima escena del ojo rasgado al tiempo que la luna es atravesada por una nube nos incluye desde el arranque en una nueva visión donde la lógica del tiempo, como en los sueños, se entrega a la dictadura del espacio. Benjamin Péret, René Char y Jacques Prévert, en poesía, y Raymond Queneau o Georges Bataille, en prosa, fueron inmediatos sucesores de una u otra manera. Una estela que no puede extrañarnos, pues la influencia del surrealismo llega hasta nuestros días.

Vanguardias hispánicas

A estos movimientos, que son los principales, podrían añadírseles otros de naturaleza hispánica como el ultraísmo de Jorge Luis Borges y Guillermo de Torre (basado en el poder de las imágenes, en la síntesis de varios movimientos de vanguardia y en el poder de lo metafórico) o el creacionismo (y la desarticulación del lenguaje en las propuestas del chileno Vicente Huidobro o del francés Pierre Reverdy, en su obsesión por desligarlo de la designación referencial).

Vanguardias y renovación

Hay que admitir la enorme influencia que todos estos movimientos tuvieron en la renovación literaria del momento, pero algunos autores vivieron algo ajenos a sus directrices, como los ya mencionados Valéry, Rilke, Yeats, o T. S. Eliot, premio nobel de literatura, considerado como uno de los poetas más influyentes del siglo xx y cuya principal aportación a la poesía moderna fue la de incluir el fragmentarismo al devenir natural del poema (*La tierra baldía*, obra que lo encumbró por mostrar una época de desintegración y que dedicó a Ezra Pound, o *Cuatro cuartetos* son sus principales libros de poemas, que constituyen, sin duda, una contribución sobresaliente y original a la poesía moderna). Además, habría que considerar también las figuras de Gabriele D'Annunzio, con su poesía de virtuosismo musical; Paul Claudel; Constantino Cavafis, célebre poeta griego, ante todo por su poema «Regreso a Ítaca», cantor de la sensualidad del erotismo homosexual y de la cultura mediterránea, firme defensor del clasicismo y autor de refinada elegancia; Saint-John Perse, clasicista, hermético y premio nobel en 1960, o el lisboeta Fernando Pessoa, responsable, primero, de la poesía moderna en Portugal y considerado el mejor poeta del siglo xx —junto a Pablo Neruda— por Harold Bloom en *El canon occidental*. Atormentado

El libro del desasosiego, de Pessoa

con la personalidad y sus desdoblamientos, fingió heterónimos que publicaban diferentes obras con sus peculiares estilos; destacan Ricardo Reis, Álvaro de Campos o Bernardo Soares y su *Libro del desasosiego*, un conjunto de aforismos, divagaciones y anotaciones de diario que conforman sus escritos en prosa más importantes. Consagró su vida a la literatura como búsqueda, como conocimiento y, a pesar de su vasta producción, dejó su obra incompleta debido a su prematura muerte a los cuarenta y siete años, sin el reconocimiento que le sobrevendría después.

Prosa, realismo y vanguardias

En cuanto a la prosa, hemos de admitir que las renovaciones más interesantes se producen al calor de las vanguardias (uso del monólogo interior, fragmentarismo escénico cinematográfico, la ciudad como espacio, el contrapunto, las perspectivas poliédricas, el narrador escéptico y metanarrativo, finales abiertos, etc.). Y junto a ellas perviven las que mantienen una estela realista, como la que podríamos atribuir, entre otros, a Joseph Conrad (con su indagación en el comportamiento humano, concretamente de los colonizadores europeos que llegaron a África en su novela más conocida: *El corazón de las tinieblas)*, Gilbert K. Chesterton (*El hombre que fue Jueves*, una original novela de intriga), E. M. Forster (*Una habitación con vistas*, en la que una joven se enfrenta a los convencionalismos y que se llevó a la gran pantalla, al igual que otra de sus novelas: *Howards End*, que muestra las injusticias sociales), Anatole France (profundamente satírico; recuérdese *La isla de los pingüinos*), Máximo Gorki (*La madre* es su novela más famosa, una de las inauguradoras de un realismo socialista en el que resaltan las penurias de los campesinos bajo el régimen zarista), Karen Blixen (seudónimo de la danesa Isak Dinensen, muy famosa por su novela de carácter autobiográfico *Lejos de África* —adaptada con mucho éxito al cine con el título de *Memorias de África*— y por sus cuentos), Boris Pasternak (premio nobel de literatura en 1958 y muy buen poeta, aunque es más conocido por su celebérrima novela *Doctor Zhivago* y su posterior adaptación al cine), Nikos Kazantzakis (*Zorba el griego*, novela impresionista muy conocida por la película de 1964 en la que Anthony Quinn, como Alexis Zorba, protagoniza el mítico baile a orillas del mar) o Mika Waltari (y su popular novela histórica *Sinuhe el egipcio*).

Pero, indiscutiblemente, el protagonismo recae sobre las tendencias renovadoras, enraizadas en las vanguardias. Así, destacan las novelas anticonvencionalistas de Jean Cocteau, poeta, novelista, cineasta, dramaturgo y pintor de una vida llena de confusiones y experiencias traumáticas: el suicidio de su padre, el aborto que tuvo con su primera mujer, su adicción al opio, su bisexualidad, que se dio a conocer precisamente con una novela profundamente transgresora —de inspiración cubista— titulada *El Potomak* y traducida recientemente por primera vez al español, cuyo nombre proviene de la horrorosa criatura que vive dentro de un acuario, en los sótanos de la iglesia La Madelein; con esta novela, ya se revelaba uno de los autores más originales del siglo xx.

Asimismo, cabe señalar la novela lírica de Virginia Woolf, inaugurada con *Viaje de ida* y llevada a su culmen con *La señora Dalloway* —en torno a la cual, junto con la novela homónima de Michael Cunningham, gira la oscarizada película *Las horas*, estrenada en 2002— o *Al faro*, en las que demuestra un tratamiento del tiempo que le vale la consideración de figura destacadísima de la vanguardia anglosajona y una de las mejores narradoras del siglo xx; además, se ha convertido en una representante del feminismo internacional. Sin olvidar su novela más experimental: *Las olas*, una suerte de poema en prosa coral en el que las diferentes voces —saturadas de intertextualidad— apuntan de nuevo al impulso lírico de sus novelas. Por otra parte, encontramos la novela impresionista y fragmentaria de Marcel Proust (y su monumental proyecto novelístico *En busca del tiempo perdido*, concluso y publicado en siete partes (heptalogía), algunas ya de manera póstuma. Se trata de una serie de novelas de complejísima estructura que reconstruyen una vida que se consagra al arte y que se sedimenta a través de una memoria involuntaria, como en el caso de la famosa magdalena que toma el protagonista —acompañada de un té—, capaz de retrotraerlo inevitablemente a los domingos de su infancia en Combray, cuando estaba en casa de su tía.

La novela experimental de James Joyce tampoco puede quedar sin mencionar. *Ulises*, su gran obra maestra, supone quizá la mayor renovación narrativa de todos los tiempos y una radical ruptura respecto de la narrativa tradicional mediante la más amplia riqueza de tipologías discursivas (monólogo interior, debates, cuestionarios, narración y discursos jurídico-administrativos parodiados) y un estilo plagado de diversidad tanto de registros como de recursos. A través de los dieciocho capítulos que abordan una jornada de veinticuatro horas del día 16 de junio de 1904 en Dublín, conocemos los pensamientos erráticos de los protagonistas, Stephen Dedalus y Leopold Bloom, para acceder a un supuesto mundo real.

Además, destacan las novelas distópicas de George Orwell, con *1984* y de Aldous Huxley, con *Un mundo feliz*, y la novela existencialista de Franz Kafka, constructor de un universo propio y universal (kafkiano) que transcurre en los intersticios entre la realidad y el sueño, como acontece en la celebradísima novela *La metamorfosis* o *La transformación* (como traducción más fidedigna), cuyo protagonista, Gregorio Samsa, despierta en su cama convertido en un repugnante insecto. Este mundo absurdo, angustioso, claustrofóbico y dedálico parece introducirnos en toda un alegoría sobre la marginación, la exclusión y la condición humana.

Otro existencialista fue Jean-Paul Sartre, que rechazó el Premio Nobel de Literatura en 1964. Era marido de Simone de Beauvoir y nos dejó una novela filosófica de tipo epistolar como *La náusea*, publicada en 1938. Se trata de un reflejo del absurdo existencial, del sinsentido, en el que tanto Roquentin como todos los seres humanos están inmersos; a modo de bucle, el protagonista se entregará a la escritura de una ficción para tratar de dotar a su existencia de algún sentido. La sólida obra de Sartre contó pronto con seguidores como Samuel Beckett, Jean Genet o Simone de Beauvoir.

Como último existencialista encontramos a Albert Camus, premio nobel de literatura en 1957 que polemizó con Sartre por la postura marxista de este, incompatible con el existencialismo según lo entendía el argelino. Publicó su primera novela en 1942 con el título *El extranjero*, cuyo protagonista (Meursault) muestra una honda indiferencia hacia la realidad que lo circunda, inasumible por absurda.

Con respecto a la novela intelectualista de Thomas Mann, materializada por excelencia en *La montaña mágica*, esta representa un testimonio filosófico e intelectual que da buena cuenta de la transición del siglo XIX al XX. Fue también autor de *Muerte en Venecia*, cuya adaptación cinematográfica, dirigida por Luchino

Visconti, ha supuesto una de las más altas cotas del cine, en la que se incluye una magnífica banda sonora de Gustav Mahler motivada por el cambio de profesión del protagonista, que en la cinta es un músico, en vez de un escritor, como en la novela original. Mann fue galardonado con el premio nobel en 1929.

También encontramos casos reseñables como las novelas cortas de Stefan Zweig, la novela neorrealista italiana (Cesare Pavese, Alberto Moravia, Italo Calvino, Pier Paolo Pasolini), la novela metaliteraria de André Gide (*Los monederos falsos* es el mejor ejemplo y su obra más importante, una estructura en *mise en abyme* en la que los personajes intentan escribir una novela cuyo título es, precisamente, *Los monederos falsos*), la novela psicologista de D. H. Lawrence (su novela *El amante de Lady Chatterley* fue prohibida durante décadas, en su tiempo por escandalosa, ya que describía explícitamente relaciones sexuales y un testimonio de una época que asistía a la necesaria liberación de la mujer en una interpretación del erotismo como un ejercicio de libertad individual) o la novela policiaca (Agatha Christie, Gastón Leroux, Maurice Leblanc).

Otros narradores son Saint-Exupéry, desaparecido en combate como aviador profesional durante la Segunda Guerra Mundial y creador de *El principito*, testimonio de fe en la vida y en el hombre en tiempos difíciles para creer; y Hermann Hesse, premio nobel de literatura en 1946 que se nacionalizó en Suiza y cuyas grandes obras llegaron tras sus mayores conflictos interiores (su esposa ingresada en un manicomio y sus hijos en un pensionado). *Siddharta*, nombre del protagonista hindú en esta novela alegórica de una forma de entender la vida, y *El lobo estepario*, mezcla de autobiografía y ficción, todo un éxito internacional en el que el protagonista se debate entre su instinto de humanidad y su condición de lobo solitario y agresivo, son sus dos obras más importantes.

Por último, mencionamos a Malraux, que fue capaz de crear su propio mito, acompañado siempre de muecas y tics causados por una afección, frecuentó los círculos de Vanguardia y publicó *La condición humana*, una novela que llama la atención por su capacidad de aunar la meditación filosófica, la trama amorosa y las aventuras; a Céline, admirado por la generación *beat*, de la que trataremos en el siguiente capítulo, y autor de *Viaje al fin de la noche*, su primera novela y la más conocida por su ritmo frenético, su lenguaje desgarrado —llegó a escandalizar por su oralidad y su carácter soez— y su manera libérrima, torrencial y personalísima de tratar los temas).

La literatura de la llamada «generación perdida»

A esta renovación narrativa, contribuye también la llamada «generación perdida norteamericana», que recogió el pesimismo y el desconcierto tras la Primera Guerra Mundial. Entre los escritores de esta generación, encontramos a Francis Scott Fitzgerald, cuya obra *El gran Gatsby* es considerada su obra maestra y fue adaptada al cine en 1974 con guion de Francis Ford Coppola); a John Dos Passos y su novela profundamente vanguardista *Manhattan Transfer*, construida desde la polifonía de múltiples voces que conforman un personaje colectivo, y a Ernest Hemingway, de estilo sobrio y un tanto descuidado, pero de evidente energía expresiva imitada después

Fotografía de William Faulkner, premio nobel

por otros autores. *El viejo y el mar*, *Adiós a las armas*, *Fiesta* o *Por quién doblan las campanas* son sus grandes novelas, esta última llevada al cine por Sam Wood y protagonizada por Gary Cooper e Ingrid Bergman fue Premio Nobel en 1954. Además, encontramos a William Faulkner, culminación de la vanguardia americana y premio nobel de literatura en 1949 (recuérdese *El ruido y la furia*, en la que se alternan los monólogos interiores de los personajes) y a John Steinbeck, premio nobel en 1962 que escribió novelas como *La perla*, *Al este del edén*, *De ratones y hombres* o *Las uvas de la ira*, cuya afamada adaptación al cine fue dirigida por John Ford en 1940 y protagonizada por Henry Fonda.

Innovación teatral

Por último, corresponde tratar, siquiera de manera sucinta, la renovación teatral, de la que ya se dijo algo al principio del capítulo, al abordar los movimientos de vanguardia. Podemos distinguir varias tendencias. En primer lugar, el teatro que anticipa el expresionismo de Benjamin Franklin Wedekind, autor de *La caja de Pandora* (llevada al cine mudo en 1929 y adaptada a la ópera con el título de *Lulú*, de Alban Berg y estrenada en 1937), de *Mine ha-ha* o de *La educación corporal de las niñas* (llevada al cine por Lucile Hadzihalilovic en la laureada *Innocence*). Por otra parte, encontramos el teatro simbolista y poético (con Maeterlinck, Paul Claudel, Edmond Rostand), la metateatralidad (con Luigi Pirandello), el teatro de la crueldad (con Antonin Artaud) y el teatro comprometido (con Bertolt Brecht, considerado como el creador del teatro épico; conmovedor en su invitación a la crítica permanente con obras como *Terror y miseria del Tercer Reich*).

El 27 de la literatura española

A estas renovaciones de la primera mitad del siglo xx se podría sumar la excelente generación de poetas españoles del grupo del 27, caracterizados por hacer tradición de la vanguardia y vanguardia de la tradición (Guillén, Salinas, Diego, Alonso, Cernuda, Aleixandre, Lorca, Alberti, Altolaguirre, Prados, etc., sin olvidar al excelso grupo de mujeres conocidas como «las sinsombrero», auténticas revulsivas de la vida cultural y artística de entonces: Concha Méndez, Maruja Mayo, Josefina de la Torre, Ernestina Champourcín, etc.). La figura

Interesante trabajo sobre «las sinsombrero» de Tània Balló

que concentró las vanguardias españolas fue la de Ramón Gómez de la Serna, hasta el punto de que ha llegado a decirse que todo él era una vanguardia: el ramonismo.

En definitiva, las vanguardias traducen estéticamente un estado de desgarramiento y de necesidad de acudir a nuevos códigos para comprender una realidad que, a sus contemporáneos, se les antoja fragmentaria, efímera y, muchas veces, incomprensible.

11

La literatura desde la Segunda Guerra Mundial hasta nuestros días

Del siglo XX al XXI. Un nuevo orden mundial y la posmodernidad

Como es sabido, tanto los fenómenos históricos como los literarios, y por extensión todos los artísticos, necesitan una distancia lógica para ser analizados con rigor; ello hace muy difícil pronunciarse sobre un siglo XXI demasiado cercano, sin la perspectiva suficiente para extraer características claras o atender a una nómina estable de autores. Por ello, se trata de dar cuenta de la segunda mitad del siglo pasado y de dibujar las principales claves que marcan la literatura actual, teniendo en consideración que la división entre las dos mitades del siglo provocada por la Segunda Guerra Mundial no puede resultar abrupta en lo que a fenómenos literarios, artísticos y culturales, por extensión, se refiere y que muchos de los autores que publicaron durante la primera mitad siguieron haciéndolo en la segunda; al igual que muchas de las carreras literarias de los autores de la segunda mitad se gestaron, en realidad, durante la primera. De hecho, según los críticos y los manuales, podemos encontrarnos a los mismos autores en diferentes períodos; al fin y al cabo, la literatura es un ejemplo más del discurrir sin etiquetas ni compartimentos estancos.

Sí hay que admitir que, tras la Segunda Guerra Mundial (que encuentra su preámbulo en la guerra civil española y cuyo detonante inmediato fue la invasión nazi de Polonia en 1939), surge un nuevo orden mundial en el que los Estados Unidos imponen su hegemonía. En general, aunque se mantienen tendencias de la primera mitad del siglo xx (como la politización sobrevenida por la lucha entre bloques ideológicos), en la segunda mitad coexisten el existencialismo (del que se habló en el capítulo precedente), la literatura social, ciertas reivindicaciones de la novela tradicional (recuperación del placer de contar) y un experimentalismo que se atenúa con respecto a la fiebre de las vanguardias. La segunda mitad del siglo xx y las primeras décadas del xxi se caracterizan por la sobreabundancia de avances tecnológicos y una sociedad de consumo en la que la industria cultural se basa en la aceptación por parte de los consumidores y en cierta tiranía del gusto.

El advenimiento de la posmodernidad ha traído consigo la precariedad del lenguaje, en tanto en cuanto se convierte en un material subjetivo para dar cuenta de una realidad en crisis que habita en la deconstrucción de la unicidad. El vacío, la disgregación, el presentismo (promotor de la renuncia al pasado y al futuro y de la ausencia de utopías), la reivindicación de lo identitario en un escenario globalizado, el relativismo que habita el cuestionamiento permanente y la falta de certidumbres hacen que las palabras no solo discutan opiniones, sino hechos. Hemos llegado a la posverdad y, con ella, a la necrosis de la objetividad, lo que le otorga al lenguaje una naturaleza tan inestable como efímera, tan poliédrica como caleidoscópica.

La poesía y su versatilidad

Atenderemos brevemente el desarrollo y la evolución de los diferentes géneros literarios. En primer lugar, hemos de señalar que la lírica presenta una voz desarraigada en una realidad fragmentaria que provoca un hondo desconcierto y la dolorosa asunción de una soledad sin referentes, cimentada en la terquedad de la incomunicación.

En el gozne que posibilita el tránsito de la primera a la segunda mitad del siglo, la poesía se va transformando en múltiples tendencias que arrancan en el compromiso político (al calor de la confrontación entre bloques ideológicos), evolucionan hacia el énfasis formal (desde un experimentalismo amortiguado en favor de la poesía testimonial) y desembocan en el espíritu posmoderno, que se traduce en un discurso imposibilitado para dar cuenta de una realidad inaprehensible a la que se suma mediante una voz igualmente caótica que expresa su desconcierto y su escepticismo genéticos.

La poesía norteamericana explica su evolución poética desde el imaginismo de Ezra Pound, del que dijimos algo en el capítulo anterior, con lo que se mantienen los presupuestos de renovación vanguardistas. Nos las habemos con una lírica profundamente

Cartel de la película *Howl*, basada en la biografía y en la obra de Allen Ginsberg

original que se construye en el tejido de la intertextualidad asumida de manera personalísima, asentada en la precisión, la musicalidad y en cierto tono coloquial. Una estela que continúa con la poesía de E. E. Cummings, que se expresa mediante la ruptura de las convenciones lingüísticas y de sus tipografías.

La generación *beat*

Sin embargo, quizá la poesía más destacada sea la de la generación *beat*, enmarcada en el movimiento *hippie* y en el espíritu de mayo del 68 francés, cuyo arranque podemos situarlo en el poema «Aullido» de Allen Ginsberg, tan escandaloso (fue tildado de obsceno) como experimental, considerado como el himno de la generación. Una película experimental estadounidense de 2010 (*Howl*, homónima del título del polémico libro de poemas y del poema por antonomasia de este volumen) recuerda la lectura pública de este poema, así como la vida y la obra de Ginsberg durante una década aproximadamente.

Otras tendencias

Junto a Ginsberg, hay que destacar la poesía de Gregory Corso, una propuesta desenfadada ante el caos (su obra *El feliz cumpleaños de la muerte* fue publicado por Visor en 2008) y a Lawrence Ferlinghetti, que adopta un tono crítico y extravagante (*Tyrannus Nix?*, de 1969) que se hizo célebre por su editorial, asociada a una librería (City Lights), que difundió los trabajos de los escritores *beat* tanto con su publicación como con la organización de recitales.

Además, conviene reseñar la tendencia confesional, en la que destacan poetas como Robert Lowell (aunque no fue su única vertiente, dada su versatilidad tanto en formas como en estilos; su producción inspiró a poetas posteriores y su poesía completa la ha publicado la editorial Vaso Roto en 2017), William Snodgrass (junto al anterior, fue promotor de esta tendencia en la poesía norteamericana, aunque, en su caso, de carácter irónico y con cierta canalización tradicional, como en *La aguja en el corazón*, un poemario lleno de tristeza —con atisbos de esperanza— por la distancia que le separaba de su hija pequeña tras su reciente divorcio), Sylvia Plath (trágica poeta que decidió quitarse la vida a los treintaiún años, atormentada por la angustia vital y los trastornos mentales y cuyo tono más confesional arranca con el poemario *Ariel*, en el que refleja el descenso hacia la locura), Anne Sexton (poeta también con un trágico final y un tono confesionalista con el que trata temas que reivindican la condición femenina, incluso algunos tabúes como la menstruación; por *Vive o muere* recibió el Premio Pulitzer) o Everett LeRoi Jones (poeta afroamericano que, al convertirse al islam, se hizo llamar Amiri Baraka y que mantuvo una poética insumisa deudora de Ginsberg; nos deja poemarios profundamente reivindicativos como *Revolución africana*); sin olvidar a uno de los poetas estadounidenses más mediáticos y escandalizadores: Charles Bukowski, quien, a pesar de su tono provocador, muestra una visión de la vida desilusionada y consciente de la vacuidad.

Poesía inglesa. Eliot, Auden y demás

De especial relevancia resulta la poesía inglesa posterior a la Segunda Guerra Mundial. Entre los poetas más destacados, hay que mencionar a Thomas Stearns Eliot (de cuya poesía se habló en el capítulo precedente), Wystan Hugh Auden, cuya huella resulta cada vez mayor en la poesía más actual, pues su poesía transita de lo social a lo ético y metafísico —piénsese, verbigracia, en *Poemas y España*, influida por Brecht, o en *La edad de la ansiedad*, en la que introduce también la cuestión religiosa—; Ted Hughes, marido de Sylvia Plath, su poesía se caracteriza por el uso simbólico de la naturaleza y de los animales, o Dylan Thomas, uno de los poetas más relevantes, se suele decir que de su poesía surgen las dos corrientes poéticas internacionales de posguerra —la de la expresión de la realidad cotidiana y la de los confesionalistas que anteceden este párrafo—, y que, además, tiene una producción de un intenso pesimismo que propugna el refugio parcial en el paraíso de la infancia y en el erotismo. *Muertes y entradas* es quizá su obra maestra. Asimismo, encontramos a Philip Larkin, con una poesía de pesimismo basada en lo cotidiano, patente ya en su primera colección de poemas en la que renuncia al seudónimo femenino con el que firmó sus obras juveniles (Brunette Coleman) o a Kingsley Amis, padre del famosísimo novelista Martin Amis y cuya poesía huye de lo erudito, como la de Larkin; publicó su obra en tres libros recopilatorios.

Más poetas europeos

Hay otros poetas europeos dignos de mención, como los italianos Cesare Pavese, pionero de la tendencia neorrealista y cuya poesía presenta un profundo lirismo, como en *Vendrá la muerte y tendrá tus ojos*, o Giuseppe Ungaretti, poeta de la llamada escuela hermética junto a Salvatore Quasimodo y Eugenio Montale, que reaccionan contra el esteticismo a golpes de condensación expresiva de suerte que una sola palabra puede perfectamente conformar un verso. En *La vida de un hombre*, de 1977, recoge la totalidad de su poesía. Otros italianos son Eugenio Montale —tal vez el mejor poeta de los herméticos con *Huesos de sepia*—, cuya poesía se caracteriza por abordar la soledad y el dolor existencial desde la contención y la sobriedad, y que recibió el premio nobel en 1975; Salvatore Quasimodo, que pasa del descriptivismo al compromiso y al tono intimista (*Dar y tener*) y que fue premio nobel de 1959, y Umberto Saba, que presenta una clara influencia de Montale y muestra el desagarro, el dolor y la capacidad destructiva de la posguerra en *Epígrafe*, sentimientos que se atenuarán algo en sus libros finales, en los que dibuja como interlocutores a los pájaros (como en *Uccelli*).

En cuanto a los franceses, encontramos a Aragon y Éluard en la órbita de las vanguardias; a René Char, que evoluciona desde el surrealismo a un simbolismo singular y cuyo prestigio ha ido creciendo paulatinamente (la editorial Visor publicó, en 2002, *Furor y misterio: Las hojas de hypnos*, una suerte de breves prosas poéticas que explican sobradamente el interés que despierta este poeta); Francis Ponge, quien, como Char, cultivó la prosa poética, en su caso aunando al poeta y al ensayista, faceta en la que resulta un autor conspicuo, tal y como podemos comprobar en *De parte de las cosas*, donde describe exhaustivamente, en párrafos, la materialidad de los objetos al margen de las emociones, o Saint-John Perse, premio nobel de 1960 y cuya obra más célebre es *Anábasis*, fragmentos de un canto épico incompleto en los que se imbrican la realidad y lo legendario.

Del lado alemán, destacan Bertolt Brecht, auténtico prototipo del intelectual revolucionario cuyo magisterio se dio sobre todo en el teatro, pero que también hizo gala de contención y compromiso en su poesía, apelando directamente al lector en una exitosa poesía social, como puede comprobarse en *Elegías de Buckow*), o Hans Magnus Enzensberg, con su poesía inspirada en el expresionismo, llena de ironía y de espíritu satírico sin menoscabo de un intenso lirismo, como en sus *Poesías para los que no leen poesías* o en *El hundimiento del Titanic*.

Otros poetas de países europeos son el poeta irlandés Seamus Heaney, premio nobel de literatura en 1995 cuya exitosa modernización del *Beowulf* le valió el Premio Whitbread, al igual que la publicación de *El nivel espiritual*, uno de sus últimos libros de poemas en el que demuestra la figura de un poeta que da cuenta de los acontecimientos de su tiempo sin renunciar a la integridad artística; la escritora polaca Wislawa Szymborska, que, con un lenguaje natural y un aire clasicista, se ha convertido en un referente poético; la poeta rusa Anna Ajmatova, que, en *Versos líricos* o *Réquiem* nos muestra una poesía intimista; los poetas griego Georgios Seferis y Odysseus Elytis; el poeta y pintor belga Henri Michaux, al que podríamos incluir en la poesía francesa, en una vertiente de poesía introspectiva, como en *Conocimiento por los abismos*, o el poeta rumano Paul Celan, generalmente incluido en la poesía alemana, pues la crítica coincide en considerarlo el poeta más importante de la segunda posguerra en lengua alemana. Su poesía muestra una herencia surrealista y resulta algo críptica, intelectual y de expresión del absurdo de la vida moderna. En su primer poemario, *Amapola y memoria* aparece una descripción de los campos de exterminio nazi en los que estuvo recluido por ser judío; más tarde, escribió *La rosa de nadie* o *Soles de hilo*. Por último, es necesario mencionar a la poeta y filósofa austriaca Ingeborg Bachmann, sumamente influyente en la poesía alemana y, sin duda, una de las más destacadas autoras en lengua alemana durante el siglo xx y miembro del conocido grupo del 47 impulsado por Richter y Andersch. Escribió *El retraso consentido* y *El tiempo postergado*, entre otras obras.

Este panorama lírico articula cierto desarrollo desde una poesía permeable a los acontecimientos contemporáneos hacia una poesía de tipo intimista que da cuenta de la imposibilidad de transformación social por parte de la lírica, testimonio frágil de la derrota ante unas estructuras de poder impuestas irremediablemente.

Narrativa y diversificación

Por su parte, como cabía esperar, la narrativa se diversifica en múltiples tendencias y se convierte en un discurso reivindicativo de la individualidad, en una potenciación de lo íntimo en la que se privilegia la historia particular. Para dar buena cuenta de este

Cubierta de *El diario de Ana Frank*, un éxito de ventas

género, procederemos a una somerísima revisión de las diferentes tendencias, a sabiendas de que no podrán aparecer todas y cada una de ellas.

Desde luego, una de las tendencias de la inmediata segunda posguerra es la de la literatura acerca de los regímenes totalitarios y de sus terribles sistemas de represión y aniquilación, como los campos de concentración nazis o los gulags del estalinismo. En cuanto al holocausto, hay que reseñar *El diario de Ana Frank*, uno de los mejores cien libros del siglo, según *Le Monde*. Se trata de un diario escrito por esta muchacha judía, que incluye algunos cuentos y relata cómo permaneció oculta de los nazis durante dos años en la parte trasera de la empresa de su padre, por lo que su título original fue *La casa de atrás*.

Con esta misma temática, también destacan *Si esto es un hombre*, de Primo Levi (estremecedor testimonio de los horrores del nazismo), *Sin destino*, de Imre Kertész, *El hombre en busca de sentido*, de Victor E. Frankl, o *El arco iris de la gravedad* de Thomas Pynchon, considerado como uno de los mejores narradores, aunque muy desconocido por su aversión a los medios. Sobre la Alemania nazi (y la corrosiva ironía de Heinrich Böll en *Opiniones de un payaso*), existe también una narrativa de denuncia, como la del nobel Günter Grass en *El tambor de hojalata* o la prohibida por el régimen nazi *Auto de fe* de Elias Canetti, escritor búlgaro que escribe en alemán y que se refiere en esta novela a la quema de herejes por parte de la Inquisición. Asimismo, se escribe acerca del estalinismo (el horror de los gulags en *Archipiélago Gulag* de Alexandr Solzhenitsyn), del terror del estalinismo y el exterminio judío (del que intentan escapar los protagonistas de *Vida y destino* de Vasili Grossman) o de la revolución y la guerra civil rusa (como en *Doctor Zhivago* de Boris Pasternak, publicada en 1957 y de la que ya se dijo algo)o del fascismo italiano, de la persecución a los judíos y las numerosas prohibiciones que cayeron sobre ellos (como se ve en *El jardín de los Finzi-Contini*, de Giorgio Bassani).

A ella, se pueden sumar otras vertientes como las del neorrealismo italiano (con las contribuciones de Cesare Pavese o Alberto Moravia y sus novelas documentales, que refieren situaciones concretas con un estilo natural que privilegia el fondo sobre la forma; este reflejo del testimonio directo aparecerá también en el neorrealismo italiano cinematográfico entre los cuarenta y los sesenta, con las propuestas de Visconti, Vittorio de Sica o Rossellini), el realismo norteamericano de la segunda posguerra identificado con el llamado nuevo periodismo de Norman Mailer con *Los desnudos y los muertos*, Tom Wolfe con *La hoguera de las vanidades* o con Truman Capote con *A sangre fría*, en la línea de la novela-reportaje que continuarán autores como Alessandro Baricco o Antonio Tabucchi, autor de *Sostiene Pereira*, la novela existencial (que encuentra su inspiración en la narrativa de Kafka, Sartre y Camus; entre sus seguidores, podemos citar a Paul Bowles, quien, con su primera novela, *El cielo protector* —que se adaptó al cine en 1991 por Bertolucci—, aborda el desierto interior de los protagonistas, complementario del exterior) o la vertiente de japonesa (con autores como Yukio Mishima, Kenzaburo Oé y Haruki Murakami, que dan cuenta del vacío que supone la occidentalización de sus estilos de vida tradicionales).

También destacan la narrativa *beat*, que tuvo como maestro a Henry Miller, célebre por incluir elementos autobiográficos y potenciar elementos eróticos, como sucede en *Trópico de Cáncer* o *Trópico de Capricornio*, y que propugna la libertad artística y con una narrativa permeable al culturalismo, especialmente en cuanto a la música jazz y el mundo de las drogas, como podemos comprobar con Jack Kerouac y su novela itinerante *En el camino*, o con William Burroughs y sus novelas acerca del consumo de drogas, como *El almuerzo desnudo*; el *nouveau roman* y la novela experimental, que rompe con la novelística tradicional y promueve cierto fluir de conciencia con la pretensión de reflejar el caos de la vida moderna, la reproducción de diálogos insustanciales, el perspectivismo, una trama argumental que se reduce y un papel activo por parte del lector, con autores como Lawrence Durrell, Robbe-Grillet, Claude Simon, Vladimir Nabokov (que renuncia a la diacronía del tiempo y pone en marcha técnicas cinematográficas, como por ejemplo en *Lolita*, cuyas adaptaciones al cine confirman este extremo —piénsese sobre todo en la dirigida por Stanley Kubrick—), Marguerite Duras y su estilo certero articulado desde la concisión (como en *El amante*), José Saramago, en cuyas novelas mezcla la realidad y la ficción sin renunciar al firme compromiso ético (por ejemplo, en *Memorial del convento* o *Ensayo sobre la ceguera*) o Françoise Sagan (con *Buenos días, tristeza*, su primera novela, una crítica de la frivolidad que fue adapta al cine por Otto Preminger).

También cabe señalar la novela de ciencia ficción, un género prolífico que ha servido de guion cinematográfico en múltiples ocasiones. Destacan *Fahrenheit 451*, de Ray Bradbury, para la película homónima dirigida por Françoise Truffaut y estrenada en 1966; los relatos de Isaac Asimov para la película familiar *El hombre bicentenario* (protagonizada por Robin Williams), sobre las relaciones entre humanos y androides; los cuentos y novelas de Arthur C. Clarke para la película de Kubrick *2001: odisea en el espacio*, la de *¿Sueñan los androides con ovejas eléctricas?*, de Philip K. Dick, para la película *Blade Runner* de Ridley Scott; la novela fantástica, también muy exitosa en sus adaptaciones a la gran pantalla surgidas de las novelas originales de Tolkien y su saga de *El señor de los Anillos*, de C. S. Lewis, *Las crónicas de Narnia*, de William Golding, *El señor de las moscas*, de Michael Ende, *La historia interminable*, de Anthony Burgess, *La naranja mecánica* e, incluso, las famosísimas sagas de Harry Potter, fruto de las novelas de J. K. Rowling; y la novela policiaca y de misterio, con autores como Hammet, Chadler, Georges Simenon y su famosos comisario Maigret, Patricia Highsmith y *Extraños en un tren* (que llevó al cine Alfred Hitchcock), Graham Greene y *El tercer hombre* (y su célebre película), John Le Carré o Frederick Frosyth.

Asimismo, tienen un peso importante la novela negra nórdica, un auténtico fenómeno que evoluciona desde el maniqueísmo hasta el discurso líquido posmoderno pasando por la crítica social, con autores como Per Wahlöö, Maj Sjöwall, Henning Mankell y Stieg Larsson (este último con su saga Millenium, un éxito tanto de ventas de libros como de representaciones cinematográficas); la novela histórica, con Umberto Eco con *El nombre de la rosa*, Robert Graves con *Yo, Claudio*, Marguerite Yourcenar con *Memorias de Adriano*, Noah Gordon con *El médico*, Ken Follet con *Los pilares de la tierra*, Manfredi con *Los idus de marzo*, Gore Vidal con *Juliano el Apóstata* (sobre este emperador romano) o *Lincoln*, Giuseppe Tomasi di Lampedusa con *El gatopardo* (con una célebre película de Visconti y que nos deja la excepcional paradoja de que, para que todo siga como está, es necesario que todo cambie); la novela de terror (cuyo máximo representante es Stephen King y cuyas historias han dado numerosos guiones cinematográficos); y la novela crítica (Paul Auster con *Brooklyn Follies*, Susan Sontag con *En América*, Milan Kundera con *La insoportable levedad del ser*, Thomas Bernard y su discurso autobiográfico como en *El origen*, Michel Houellebecq con su corrosiva *Las partículas elementales* —rebosante de nihilismo—, Philip Roth con *La mancha humana*, John Updike con *Conejo en el recuerdo y otras historias*, John Irving y *El mundo según Garp* o la obra maestra *Bajo el volcán*, de Malcolm Lowry, una novela de autodestrucción llevada exitosamente al cine por John Huston en 1984).

Otras tendencias son la reivindicación de minorías por parte de Saul Bellow, Singer o Ellison; la literatura cruda, sórdida y con una visión negativa del hombre de Jean Genet (por ejemplo, en *Diario de un ladrón*), la narrativa en defensa de la mujer con Doris Lessing, Alice Munro, Margaret Atwood o Elfriede Jelinek; la novela transgresora, con Salinger, Bukowski, Boris Vian (polímata subversivo y mordaz que escribió todo un alegato contra el racismo en *Escupiré sobre vuestras tumbas*, novela que causó escándalo), Martin Amis y su *Libro de Rachel* o Raymond Carver. Por último, debemos aludir a la novelística hispanoamericana, especialmente en cuanto a la llamada literatura del *boom*, ya que tiene una importancia definitiva en esta época, pero la trataremos debidamente en el último capítulo, dedicado específicamente a esta corriente.

La vitalidad del género dramático

En cuanto al teatro, para cerrar ya este capítulo, hay que afirmar su vitalidad tras las renovaciones de la primera mitad de siglo. En general, refleja las contradicciones del desarrollismo de las ciudades. Como ocurre con el resto de géneros literarios, encontramos múltiples tendencias, entre las que podemos destacar el teatro del absurdo, que presenta concomitancias con el existencial en cuanto a su preocupaciones humanas y sociales, pero se caracteriza por no presentar ningún tipo de solución, asentarse en el ilogicismo y acudir a la repetición y el humor (rasgos que podemos comprobar en las obras de Eugène Ionesco, Samuel Beckett o el español Fernando Arrabal y su teatro pánico).

También sobresalen el teatro existencial y de compromiso, con las propuestas existencialistas de Sartre y Camus, el grupo de los «jóvenes airados» en el teatro inglés a partir de los sesenta, con Harold Pinter y sus llamadas comedias de amenaza, en la que el peligro siempre parece inminente (como en *El vigilante*), John Osborne (con su *Mirando hacia atrás con ira*, que sirvió como inspiración para el nombre del grupo), Tom Stoppard y sus obras de hondura filosófica, Darío Fo (con *Muerte accidental de un anarquista*) o Peter Weiss (con *Marat-Sade*, un revulsivo político).

Además, encontramos el teatro norteamericano (de corte realista, sesgo existencialista y temática de la frustración, con un primer momento de renovación representado por Eugene O'Neill y una etapa de consolidación con las propuestas de Tennesse Williams, Arthur Miller o Edward Albee y su celebérrima *¿Quién teme a Virginia Woolf?*) o el teatro experimental (variadísimo; desde el *happening*, el *Living Theater* de Julian Beck, el teatro de la calle de Eugenio Barba, el teatro campesino de Luis Valdez, el teatro pobre de Jerzy Grotowski, el *open theatre* de Joseph Chaikin, el teatro de la muerte de Tadeusz Kantor, la reivindicación feminista de Eve Ensler en *Monólogos de la vagina*, etc.). Las tendencias más actuales del teatro parecen orbitar en torno a la experimentación teatral de creación colectiva, de teatro-danza, de teatro minimalista y de interferencias entre lo dramático y lo cinematográfico, sin abandonar el de los conflictos internos y el que promueve la participación del espectador.

La sociedad líquida

En realidad, parecería que la angustia de artistas e intelectuales, con frustradas esperanzas en la reforma de la vida humana que arrancó impulsada por el optimismo ilustrado y que fue potenciada por la agudización de la crisis del individuo, motive una diversidad de actitudes para gestionarla capaz de promover una multiplicidad de tendencias con la pretensión fragmentaria de dar buena cuenta de una realidad en crisis, tan caleidoscópica como incomprensible y tan líquida.

12

Literatura hispanoamericana: del modernismo y su independencia literaria hasta nuestros días

Consideraciones generales. Diversidad en la unicidad

Las condiciones de este volumen nos impiden abordar con la profundidad que merece una literatura variada, diversa, compleja e interesantísima que se desenvuelve en diecinueve países con su propia idiosincrasia y cosmovisión y que, generalmente, se encorseta, se reduce a un marchamo común incapaz de dar cuenta de fenómenos tan ricos y proteicos. Aquí solo podemos permitirnos una visión panorámica que se limite a señalar los jalones fundamentales y a comentarlos de manera significativa y enriquecedora desde una perspectiva de unidad respetuosa con la diversidad consustancial de la literatura hispanoamericana. Para ello, nos centraremos en los principales momentos de esta literatura.

El nacimiento de una literatura propia: el modernismo

A pesar de que se ha discutido largo y tendido acerca del surgimiento del modernismo hispánico, en general, hemos de aceptar que, en el caso de la literatura hispanoamericana, supone una reivindicación de autenticidad, una independencia en lo que a expresión artística se refiere; hasta el punto de que, por mor de la inmensa figura de Rubén Darío, se ha venido a hablar del «regreso de las carabelas» en clara alusión a un cambio de tornas en las influencias culturales. Está claro que hay literatura hispanoamericana en la época colonial y en el romanticismo, incluso en el realismo y el naturalismo, pero también parece incuestionable el hecho de que la auténtica carta de naturaleza de su literatura la alcanza a finales del xix, al menos desde su internacionalización como fenómeno que encontrará otro impulso a partir de los años sesenta del siglo xx, ya que la literatura hispanoamericana extiende su influencia por todo el mundo.

En cuanto al primer jalón fundamental de la literatura que nos ocupa, hay que aceptar que Rubén Darío no es el inventor del modernismo, pero sí su mejor carta de presentación y relaciones públicas. Este prodigioso nicaragüense compone sus producciones gracias a un tejido previo que tiene su arraigo

Imagen de Rubén Darío, gran poeta hispanoamericano

sobre todo en Latinoamérica, pero que no vive ajeno a las literaturas europeas, sobre todo a la francesa. Y es que no podemos comprender la literatura de José Martí, José Asunción Silva, Manuel Gutiérrez Nájera, Julián del Casal, Díaz Mirón o de Rubén Darío sin las dos principales vertientes de la poesía francesa del último tercio del siglo XIX: el parnasianismo y el simbolismo. Del primero, la poesía hispanoamericana se impregna de perfección formal y de exotismo; el simbolismo aporta capacidad de sugestión y la obsesión por la musicalidad y el cuidado del ritmo. Además de la influencia determinante de la poesía francesa en este modernismo hispánico, hay que recordar la importancia de la literatura española, no solo en lo que se refiere a los grandes clásicos españoles, sino también en escritores de fin de siglo que mostraron admiración y contagio poético por Gautier, Baudelaire, Verlaine, Rimbaud o Mallarmé, como el poeta cordobés Manuel Reina, ensalzado por Darío como un poeta de novedosa voz, muy leído y considerado en Latinoamérica.

Todo este magma lo sintetiza Rubén Darío, junto a su devoción hacia Victor Hugo, Catulle Mendès o Leconte de Lisle, para proponer, con la publicación de *Azul...*, los cimientos de una nueva estética. Este libro propone una mezcla de géneros, toda una dimensión connotativa y una cuidada musicalidad en el contagio entre diferentes sentidos. Desde la sugestión, con *Prosas profanas*, Rubén Darío da una vuelta de tuerca a la perfección formal y la lleva a su máxima expresión, tanto en las cuestiones métricas como en la distribución acentual; un delirio técnico.

Finalmente, en la lírica de uno de los poetas hispanoamericanos más universales, nos encontramos con una última fase: la de un modernismo preocupado por la crisis espiritual, social y política de fin de siglo, con la que se desmiente la idea de que el modernismo es superficial y no implica preocupaciones existenciales ni compromisos profundos. Se demuestra con la publicación de *Cantos de vida y esperanza*, que gira en torno a la muerte, el paso del tiempo, el imperialismo o el sentido de la existencia humana, con poemas de corte existencialista como «Lo fatal».

Desde luego, de lo que no cabe duda es de que la vida y obra del nicaragüense suponen una impronta en la literatura hispánica y una evidente renovación en la lengua poética española, ya que la moderniza (sienta las bases de lo que vendrá), la hace más flexible y más rica. A partir del modernismo, se va gestando el tránsito hacia las vanguardias mediante la poesía de Amado Nervo, López Velarde, Leopoldo Lugones, Santos Chocano (poeta peruano de los que alcanzó más prestigio; hasta el punto de que se lo identificó con Whitman) o Julio Herrera y Reissig, con cuyas obras la metáfora y su indagación de la autonomía de la obra artística, respecto a lo referencial y representativo, llega a su máxima expresión. Se suele citar el famoso soneto del mexicano Enrique González («Tuércele el cuello al cisne de engañoso plumaje») como testimonio de la defunción del modernismo, pero una lectura atenta nos coloca, en realidad, en una crítica lúcida al modernismo epigonal, coincidente también con la poesía femenina posmodernista: Delmira Agustina, Juana de Ibarbourou, Gabriela Mistral y Alfonsina Storni. En todo caso, la evolución del modernismo desencadena el advenimiento de las vanguardias de manera casi natural.

Las vanguardias hispanoamericanas

Aunque los países hispanoamericanos se suman, en general, con bastante entusiasmo al revulsivo de las vanguardias, uno de los pioneros es el chileno Vicente Huidobro, promotor del creacionismo, que incluso llegó a sostener su anticipación a todos los movimientos de las vanguardias europeas. Esta tendencia fue una de las más exitosas en América, junto al ultraísmo y el surrealismo. La gran apuesta de Huidobro consistió en proponer para el poeta una dimensión independiente

Cubierta de *Altazor* y *Temblor de cielo*, del chileno Vicente Huidobro

de la realidad; una poética que renunciase a imitar la realidad o a convertirse en un mero espejo y que «crease» sus propios referentes: «Por qué cantáis la rosa, ¡oh, poetas! / hacedla florecer en el poema». Este viaje huidobriano que arranca en la originalidad como motor poético nos conduce a la desarticulación del lenguaje de *Altazor o el viaje en paracaídas*, un itinerario alucinante y moderno hasta la desautomatización del lenguaje, una lengua desintegrada capaz de dar cuenta de un mundo sin sentido, entre dos guerras mundiales que promueven la irracionalidad y la destrucción, tal y como expresa el canto último:

> Al aia aia
> ia ia ia aia ui
> Tralalí
> Lali lalá
> Aruaru
>   urulario
> Lalilá
> Rimbibolam la lam [...]

Pero no todo el vanguardismo se basó en la expresión lingüística descoyuntada; en otras ocasiones, optó por la sencillez expresiva, por los coloquialismos y los vocablos espontáneos, tal y como sucedió en el caso de Cuba, caracterizada por el primitivismo y la exaltación del negro cubano. Así, aparecen la poesía de Roberto Martínez y, después, con una mayor conciencia social, la de Nicolás Guillén. Los tres grandes núcleos de renovación vanguardista en Latinoamérica fueron las capitales de Cuba, Argentina y México. En cuanto a esta última, muy permeable a los vaivenes vanguardistas tras la Revolución mexicana, hemos de señalar la incidencia del futurismo de Marinetti y del dadaísmo de Tzara (como es el caso de Manuel Maples Arce), cuyas tendencias se fueron diluyendo hacia los temas políticos y sociales. Los años veinte y treinta fueron especialmente fructíferos en torno a la revista *Contemporáneos*, con Torres Bodet, Xavier Villaurrutia, Owen, Pellicer, Gorostiza o Salvador Novo. En Argentina, podemos señalar la figura de Jorge Luis Borges, que trajo el ultraísmo que conoció en España, con especial atención al lenguaje metafórico, aunque sin renunciar al intelectualismo consustancial a su obra, especialmente célebre por su prosa.

Dos poetas enormes: Vallejo y Neruda

Por último, el surrealismo como vanguardia influyó en poetas como César Vallejo o Pablo Neruda. La poesía vanguardista del peruano César Vallejo es una de las más reconocidas internacionalmente; su producción comienza con un poemario de fuertes influencias modernistas (*Los heraldos negros*) que pronto, con su conjunto de poemas titulado *Trilce*, escrito desde la cárcel, alcanza una absoluta modernidad e introduce a la literatura hispanoamericana en la estética de las vanguardias. Su compromiso con la nueva estética es tal que llega a fundar una revista literaria importantísima tanto para aglutinar como para difundir la nueva literatura; nos referimos a *Favorables París Poema*, fundada junto a su amigo español Juan Larrea. La identificación con España queda reflejada en *España, aparta de mí este cáliz* un desgarrador libro en el que el poeta peruano más universal toma partido por la causa republicana y que se publicó póstumamente, como *Poemas humanos*, un conjunto de poemas que corrobora a César Vallejo entre las mejores voces poéticas de la literatura de todos los tiempos.

Junto a él, es digna de mención la figura del poeta chileno Neftalí Ricardo Reyes Basoalto, célebre por su seudónimo Pablo Neruda, premio nobel de literatura en 1971. A pesar de las evidentes diferencias entre ambos, la evolución poética nerudiana se nos antoja similar a la del poeta peruano, ya que comienza con visos modernistas en su primer poemario (*Crepusculario*), para evolucionar a una estética vanguardista reconocible, en *Tentativa del hombre infinito*, o mítica, en los volúmenes de *Residencia en la tierra*. Además, como en el caso de Vallejo, también funda una revista de poesía vanguardista (*Caballo verde para la poesía*), que concita las mejores voces poéticas del momento (Federico García Lorca, Vicente Aleixandre, Rafael Alberti, etcétera).

Pero si hay una obra conocida de este poeta chileno es *Veinte poemas de amor y una canción desesperada*, un conjunto de poemas eróticos que se mueven entre la emoción del recuerdo y el tiempo presente; el poema XX se ha convertido en un himno:

Puedo escribir los versos más tristes esta noche.

Escribir, por ejemplo: «La noche está estrellada,
y tiritan, azules, los astros, a lo lejos».

El viento de la noche gira en el cielo y canta.

Puedo escribir los versos más tristes esta noche.
Yo la quise, y a veces ella también me quiso.

CABALLO
VERDE
PARA LA
POESIA

Verlag Detlev Auvermann KG
Glashütten im Taunus

Kraus Reprint
Nendeln - Liechtenstein

Famosa portada de la revista surrealista dirigida por Pablo Neruda

En las noches como ésta la tuve entre mis brazos.
¡La besé tantas veces bajo el cielo infinito!

Ella me quiso, a veces yo también la quería.
¡Como no haber amado sus grandes ojos fijos!

Puedo escribir los versos más tristes esta noche.
Pensar que no la tengo. Sentir que la he perdido,

Oír la noche inmensa, más inmensa sin ella.
Y el verso cae al alma como al pasto el rocío.

Qué importa que mi amor no pudiera guardarla.
La noche está estrellada y ella no está conmigo.

Eso es todo. A lo lejos alguien canta. A lo lejos.
Mi alma no se contenta con haberla perdido.

Como para acercarla mi mirada la busca.
Mi corazón la busca, y ella no está conmigo.

La misma noche que hace blanquear los mismos árboles.
Nosotros, los de entonces, ya no somos los mismos.

Ya no la quiero, es cierto, pero ¡cuánto la quise!
Mi voz buscaba el viento para tocar su oído.

De otro. Será de otro. Como antes de mis besos.
Su voz, su cuerpo claro. Sus ojos infinitos.

Ya no la quiero, es cierto, pero tal vez la quiero.
Es tan corto el amor, y es tan largo el olvido.

Porque en noches como ésta, la tuve entre mis brazos,
mi alma no se contenta con haberla perdido.

Aunque éste sea el último dolor que ella me causa,
y éstos sean los últimos versos que yo le escribo.

Además, también son famosos su *Canto general* y sus *Odas elementales*, en la que dedica poemas solemnes a realidades cotidianas y sencillas, sublimándolas mediante un soberbio manejo metafórico (por ejemplo, llama a la cebolla *redonda rosa de agua*). Es de reseñar la actualidad de esta poesía, una referencia incluso para los poetas de nuestro tiempo.

Tendencias de la poesía a finales del siglo XX: intelectualismo, poesía realista y antipoesía

Sin abandonar la importancia del surrealismo, podemos incluir otras tendencias como la constituida por la poesía del mexicano Octavio Paz, premio nobel de literatura en 1990, que promueve una poética gnoseológica en la que el intelectualismo impregna la poesía como forma de conocimiento, al igual que le aconteció a sus ensayos (*El arco y la lira* o *El laberinto de la soledad*). Reunió el grueso de sus poesías en *Libertad bajo palabra*, una muestra de influencias diversas (surrealismo, poesía pura, mística, lo hindú y lo japonés, etcétera).

El poeta Nicanor Parra, creador de la antipoesía

En la vertiente de poesía realista con un sesgo de reivindicación social desde un registro crítico, destaca la poesía del uruguayo Mario Benedetti, con un tono coloquial de ambientación urbana para denunciar la burocratización y la despersonalización de un sistema globalizador y materialista (*Poemas de la oficina*); este lenguaje cotidiano, plagado de rasgos de oralidad, será también el tejido, junto a la tendencia a aproximar verso y prosa, de la antipoesía del chileno Nicanor Parra, antirretórica y directa en sus *Poemas y antipoemas*, ya en el ámbito de la sociedad líquida posmoderna.

Narrativa hispanoamericana actual. Hacia el *boom* y el *posboom*

Por su parte, en la narrativa del siglo xx, se distinguen varias etapas en la evolución hacia la narrativa hispanoamericana actual. En primera instancia, a finales del xix y principios del xx, la búsqueda de una voz propia conduce a la novela hispanoamericana hacia el regionalismo, anclado en una concepción narrativa aún decimonónica que privilegia la técnica realista. Esta exaltación del entorno propio, sobre todo de la exuberante naturaleza, encontró su detonante en el ensayo *Ariel* del uruguayo José Enrique Rodó, que preconizaba el valor de lo hispanoamericano frente a la propuesta europea, supuestamente más avanzada, pero cuyos errores se pondrán de manifiesto cuando se desate la Primera Guerra Mundial. En esta línea, se incardinan *Don Segundo Sombra*, del argentino Ricardo Güiraldes; *Doña Bárbara*, de Rómulo Gallegos, que llegó a ser presidente de Venezuela, y *La Vorágine*, del colombiano José Eustasio Rivera (en la concepción de la selva devoradora de esta última novela, podemos situar a Horacio Quiroga, maestro cuentista —con sus famosas recopilaciones de *Cuentos de la selva* o *Cuentos de amor, de locura y de muerte*— que sienta las bases del cuento hispanoamericano actual). Dentro de esta primera etapa realista y anclada en la concepción novelística del siglo anterior, nos encontramos con la novela de la Revolución mexicana (destacan, sobre todo, las novelas de Mariano Azuela, con *Los de abajo*, y Martín Luis Guzmán, con *El águila y la serpiente*; ambas constituyen la iniciación de un género, de carácter político y centrado en los acontecimientos que acompañaron a la Revolución mexicana desde 1910 y que muestran una inestabilidad política proverbial) y con la novela de reivindicación indigenista de corte social, cuya pretensión es denunciar la situación oprimida del indio, como sucede en *Raza de bronce*, de Alcides Arguedas; *Huasipungo*, de Jorge Icaza, o *El mundo es ancho y ajeno*, de Ciro Alegría, que ya persigue cierto gusto estético en una depuración del realismo.

Tras el agotamiento del realismo, la literatura hispanoamericana da una vuelta de tuerca estética y nos propone una novedad narrativa para la que Alejo Carpentier, el célebre escritor cubano, acuñará la expresión de «lo real maravilloso», que deberíamos distinguir del realismo mágico. Mientras que el primero presenta una América exaltada mediante extremos extraordinarios comprometedores de la realidad de la obra, el segundo insistiría en insertar elementos sorprendentes o asombrosos que no cuestionan directamente su realidad. Además, mientras que el primero es genuinamente americano, el segundo se considera de índole internacional. Así, a pesar de que *Cien años de soledad* de García Márquez, obra de la que hablaremos enseguida, se considere indiscutiblemente como una muestra de realismo mágico, deberíamos entenderla en la órbita de lo real maravilloso, pues el hecho de que un niño pueda nacer con cola de cerdo, entre otros muchos ejemplos, no deja de ser algo sobrenatural que compromete abiertamente la realidad convencional.

En todo caso, ambas interpretaciones suponen una nueva manera de narrar que se enraíza en la concepción de que el realismo europeo no es válido para dar cuenta del entorno americano. En un primer momento, este enfoque lo encontramos en las narraciones del cubano Alejo

Carpentier, del guatemalteco Miguel Ángel Asturias o del paraguayo Augusto Roa Bastos. Desde lo fantástico (con *Viaje a la semilla*, que invierte la condición natural del tiempo para que acompañemos al protagonista de su madurez a su gestación) a lo real maravilloso, que reivindica la tradición afrocubana, la música y el contraste entre lo europeo y lo americano (con *El reino de este mundo*, *Los pasos perdidos* o *El siglo de las luces*), Carpentier inaugura una novedosa manera de narrar, muy similar a la del premio nobel guatemalteco de 1967 Miguel Ángel Asturias y *El señor presidente*, con la que da comienzo la celebérrima novela de dictador tras el ejemplo de *Tirano Banderas*, del modernísimo escritor español Ramón María del Valle-Inclán. De este tipo de novela participará también Roa Bastos con *Yo el Supremo*, sobre la dictadura paraguaya, o el peruano José María Arguedas, que aborda las contradicciones del mestizaje en *Los ríos profundos*.

En una vertiente sumamente creativa que incluye lo fantástico como elemento troncal, hay que mencionar al mexicano Juan Rulfo (con una breve producción —la fabulosa colección de cuentos de *El llano en llamas* y la magistral novela *Pedro Páramo*, sin duda una de las muestras más relevantes de la literatura hispanoamericana con su mítica Comala, localidad imaginaria colmada de susurros— que, sin embargo, lo ha hecho célebre) y al peculiar uruguayo Juan Carlos Onetti (que también nos propone en *El astillero* y *Juntacadáveres* su propia ciudad imaginaria: Santa María).

Frente al relato más o menos fantasioso, los autores que optaron por técnicas más realistas pronto cayeron en la experimentación (como ocurriría con Agustín Yáñez o José María Revueltas). En esta renovación narrativa, resulta fundamental añadir figuras existencialistas como la del argentino Ernesto Sábato (con *El túnel*, una de las obras más conocidas de la literatura hispanoamericana) o de orden metafísico, como los casos de Jorge Luis Borges (de singular erudición y agudeza metaliteraria, tanto en sus cuentos —*Ficciones* o *El Aleph*, premonitorio— como en sus ensayos) o de Lezama Lima (y su genial *Paradiso*).

Con este tipo de novelas, llegamos a los años sesenta, momento de difusión sin precedentes de la literatura hispanoamericana que se conoció como el *boom*, un sonoro anglicismo que pretende dar cuenta del asombro y éxito que causó esta narrativa internacionalmente, cuyo pistoletazo de salida vino dado por la publicación de *La muerte de Artemio Cruz*, de Carlos Fuentes; *Rayuela*, de Julio Cortázar; *La ciudad y los perros*, de Mario Vargas Llosa, o *Tres tristes tigres*, de Guillermo Cabrera Infante. Su ratificación llegaría con *Cien años de soledad*, del colombiano Gabriel García Márquez, premio nobel en 1982. También rompieron con la tendencia realista los narradores chilenos José Donoso (*El obsceno pájaro de la noche*) e Isabel Allende (y su exitosísima en ventas *Casa de los espíritus*, publicada ya en los ochenta y llevada al cine con gran resonancia comercial, en 1993, con un reparto de primerísima línea). Son novelas de innovación narrativa, con ingredientes fantásticos, renovación de estilo caracterizado por su variedad y la exigencia de un nuevo lector que abandone su papel pasivo tradicional y contribuya decididamente a la construcción misma del texto literario.

Últimas tendencias

Las últimas tendencias de la literatura hispanoamericana son difíciles de sistematizar, pero podemos entender que la posmodernidad supone tanto el fin del experimentalismo (o, desde luego, su severa atenuación) como de un discurso global. Claramente vivimos la creación poética de la dispersión, donde predomina el culturalismo (esa mezcla de diferentes lenguajes artísticos), el tono coloquial y conversacional, la intertextualidad y, sobre todo, la multiplicidad de tendencias: poesía social, de experimentación lingüística, de erotismo neorromántico, minimalista, mítico-poética, etcétera.

Resulta complejísimo proponer una nómina, pero junto a autores consagrados de otras épocas, que siguen publicando una interesantísima poesía (piénsese en Ida Vitale y su magnífica poesía esencialista), surgen nuevas voces, con mayor o menor trayectoria, como María del Carmen Colombo, Eduardo Mileo, Jeanette L. Clarión, David Huerta, María Dolores Pliego, Julio César Aguilar, Carol Bracho, etc., en México; Beatriz Vanegas, Héctor José Corredor o Darío Jaramillo, en Colombia; Antonio Cisneros, Mario Montalbetti, Elqui Burgos o Yanet Pizarro, en Perú; Raúl Zurita, Eduardo Llanos o Jaima Hales, en Chile; Manuel Lozano, Ernesto Kahan, Ricardo Costa, Alejandro Bekes, Diego Muzzio o Matías Moscardi, en Argentina; el incombustible André Cruchaga, Txamba Payes o Davis Escolar Galindo, en El Salvador; Gioconda Belli, Ariel Montoya o Erick Aguirre, en Nicaragua; Luis Manuel Pimentel, Miguel James o Alfredo Silva, en Venezuela; Mara Eugenia Caseiro, Sergio García o José Luis Arcos, en Cuba; Marco Antonio Madrid o

La poeta uruguaya Ida Vitale en el discurso del Premio Cervantes 2019

Ludwing Varela, en Honduras; Christian David López, Mónica Laneri o Lourdes Espínola, en Paraguay, y un larguísimo etcétera de países y poetas.

En cuanto a la narrativa actual, parece que se trata de novelas que ensalzan el devenir de la narración (en una recuperación del contenido novelesco) y que no renuncian a la indagación identitaria, ajena a los excesos experimentalistas. Se trata ya de una fase ya del posboom hispanoamericano de cierta superación de las características de este fenómeno. Entre las obras más notables, podríamos señalar las últimas de Vargas Llosa; *Memoria de mis putas tristes*, de García Márquez; *La sangre de la aurora*, de Claudia Salazar; *Libro de horas*, de Nélida Piñón; *Leonora*, de Elena Poniatowska; *2666*, de Roberto Bolaño; *El olvido que seremos*, de Héctor Abad; *Formas de volver a casa*, de

Alejandro Zambra; *El complot de los románticos*, de Carmen Boullosa; *Mano de obra*, de Diamela Eltit, y tantísimas otras, que no hacen sino demostrar la fantástica salud de la novela hispanoamericana actual, sin olvidar la importancia transcendental del cuento, que se ha convertido en auténtico referente internacional. Ya habíamos mencionado, en la constitución del cuento moderno hispanoamericano, la figura indiscutible del desastrado Horacio Quiroga, que sentará las bases para construir la modernidad de este género; no solo lo cultivan con absoluto acierto, sino que delimitan y reflexionan teóricamente con brillantez sobre su naturaleza, desde el «decálogo del perfecto cuentista» de Quiroga hasta las teorías cortazarianas que lo asimilan más a la poesía que a la novela debido a su condensación e importancia del efecto. A pesar de que contamos con la limitación del espacio, no queremos dejar de mencionar a grandes cuentistas como Jorge Luis Borges, Adolfo Bioy Casares, Felisberto Hernández, Julio Cortázar, Julio Ramón Ribeyro, Juan Carlos Onetti, Juan José Arreola, Juan Rulfo, Augusto Monterroso, Gabriel García Márquez, Juan Bosch, etcétera).

13

Algunos aspectos de interés de otras literaturas: chinas, japonesas, africanas, eslavas, árabes...

Intentos para una literatura universal

Los trabajos de literatura universal han tendido a focalizar su atención en las literaturas europeas. A pesar de las dificultades de espacio, merece la pena proponer algunos aspectos de otras literaturas que resultan de interés y relevancia. De esta manera, se pretende ofrecer una sucinta panorámica, desde la inevitable asunción de las ausencias y de las presencias cuestionables. Así, mencionaremos las ricas literaturas africanas de tradición oral y su literatura poscolonial, los poetas clásicos tanto chinos como japoneses y sus premios nobel, y algún comentario acerca de las literaturas rusa, polaca, checa y árabe, más desconocidas.

Las literaturas china y japonesa

Algo se ha dicho en este volumen sobre estas literaturas, ya que, por ejemplo, se abordó la figura de Confucio como compilador de los primeros testimonios de la cultura china, con escasa presencia de oralidad, o de Lao Tsé, fundador del taoísmo. La literatura china moderna nace en el primer cuarto del siglo xx con el verso libre en poesía, impulsado por Guo Moruo y Lu Xun (considerado como revolucionario y perseguido por el régimen comunista), pero el gran paso se produce con la muerte de Mao en 1976, que supuso la recuperación de los autores purgados. A pesar de la represión de los años ochenta, las nuevas tendencias se abren paso en la literatura china, encabezadas por Bei Dao o Duo Duo en poesía, Gao Xingjian, primer premio nobel de literatura chino, un premio concedido en el año 2000 por obras teatrales de experimentación vanguardista, novelas como *El libro de un hombre solo* o *La montaña del alma* y ensayos escritos desde su condición de crítico.

Ciertamente, la literatura japonesa, como su cultura en general, se vio muy influida por la cultura china en sus orígenes y su posterior desarrollo, dado que esta se retrotraía a la más remota antigüedad. Del aislamiento y la represión con las dictaduras, pasó a un frenético desarrollo a partir de 1868, que acabó con la organización feudal, evolucionó hacia una monarquía constitucional y le permitió situarse al nivel tecnológico de Europa en cincuenta años,

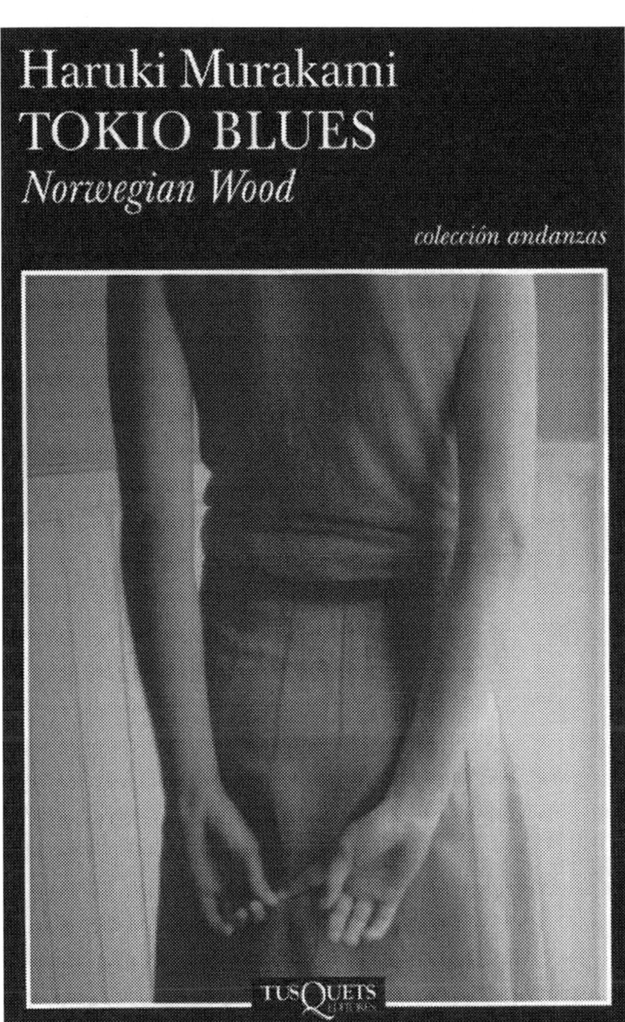

Una de las novelas de Haruki Murakami

además de convertirse en ejemplo de aprendizaje y competición. En la literatura, el gran avance lo encontramos en la comunicación entre los referentes japoneses y occidentales (tal y como demuestra la poesía de Takuboku, seudónimo de uno de los poetas más reconocidos en Japón), algo inédito hasta ese momento. Tras la humillación vivida por Japón en la Segunda Guerra Mundial, llega la recuperación, coincidente con la apertura del país nipón al mundo y con las técnicas vanguardistas en literatura. Entre sus cultivadores, destacan Kenzaburo Oé, segundo premio nobel de literatura japonés (premio que obtuvo en 1994), con novelas autobiográficas como *Una experiencia personal*; Kobo Abe y sus novelas de ciencia ficción en una estética vanguardista, o Shusaku Endo, que reivindica el catolicismo en *El samurai*, una novela ambientada en el siglo XVII.

Sin duda, uno de los escritores japoneses más leídos internacionalmente, criticado por algunos círculos que consideran su obra como ejemplo de lo posmoderno a espaldas de la tradición, es Haruki Murakami, quien ha formado parte de las quinielas en varias ocasiones para la concesión del premio nobel de literatura y que es considerado como uno de los mejores narradores de la actualidad.

Las literaturas africanas

África es un continente inmenso, plagado de riqueza cultural y lingüística. A pesar de que, desde una perspectiva eurocéntrica, suele considerarse poco esta literatura, nos encontramos con una de las literaturas orales más ricas e interesantes, en directa proporción con las aproximadamente dos mil lenguas habladas en el continente, cuya relación entre ambas es escasa debido a su organización tribal generalizada, además de las lenguas colonizadoras. A sabiendas de la indiscutible diversidad, podemos diferenciar dos grandes zonas en África: la subsahariana (variadísima) y la del Sahara (unificada por la lengua árabe y por el islam).

Además de la oralidad, a la que la cultura africana confiere un valor absoluto, en cuanto a su expresión natural y potencialidad taumatúrgica, las manifestaciones literarias se entrelazan con el canto, la música y la danza de manera integral, totalizadora. De esta manera, resulta difícil interpretar su literatura desde la perspectiva occidental de la división en géneros literarios, ya que adaptan sus expresiones a los usos y costumbres habituales; por ello, la poesía africana rememora el pasado (poesía histórica), exalta a sus héroes (poesía épica), llora a sus seres queridos (poesía elegiaca), expresa sentimientos y emociones hacia sus niños (canciones de cuna) y se ocupa del sentimiento de lo sagrado (poesía mística), del erotismo concebido desde la reproducción, de la rivalidad de mujeres por un marido (habitual en un mundo generalmente polígamo), de la caza o las invocaciones de los curanderos y de lo satírico, así como también trata los duelos poéticos de ingenio, una maravilla comparable a los poemas de debate europeos y a los genésicos del teatro griego.

En la prosa, son muy habituales los cuentos de tradición oral, en los que aparecen elementos sobrenaturales y que presentan un afán didáctico, por lo que abundan las fábulas. Aunque en la literatura escrita encontramos testimonios en lenguas indígenas, resulta más conocida la escrita en la lengua de los

El poeta africano Ciríaco Bokesa Napo

colonizadores (y la reivindicación de la negritud en la literatura francesa del congoleño U'Tamsi; la voz crítica en inglés del primer africano premio nobel de literatura, en 1986, Wole Soyinka, nigeriano destacado en novela y poesía; la voz comprometida en portugués de Agostinho Neto, que se convirtió en el primer presidente de Angola y que cantó ante todo a la libertad; o el imaginativo poeta guineoecuatoriano Ciríaco Bokesa, que dejó una obra escrita en español). La literatura del África sahariana suele abordarse en el marco de la literatura árabe, de la que se ofrecen unas pinceladas en el apartado correspondiente.

Que quede de manifiesto la necesidad de un acercamiento riguroso a este conjunto de literaturas que nos exigen no entender al continente desde una perspectiva eminentemente comercial, sino artística y cultural. Esta última nos ha interesado tan poco que nos resulta dificilísimo comprender manifestaciones literarias que resultan inseparables de un contexto que es necesario conocer adecuadamente, pues resulta sumamente significativo en su interacción con la literatura.

Las literaturas eslavas

En el discurso de la literatura universal, suele tener especial cabida la literatura rusa, sobre todo a partir del realismo y del naturalismo. Sin embargo, no toda la literatura rusa se limita a estas figuras surgidas en el siglo XIX. A finales del siglo XX, nos encontramos con una literatura libérrima, ajena a las prohibiciones de la antigua Unión Soviética, que indaga tanto en la experimentación de los géneros como en las características de los éxitos en ventas como concepto en una multiplicidad de tendencias que representan una huella de nuestro tiempo. Podemos citar a Zajar Prilepin, Mijaíl Shishkin, Borís Akunin, Anna Starobinets, Olga Slavnikova, etc. Las literaturas eslavas tampoco pueden reducirse exclusivamente a la rusa, ya que nos las habemos con una literatura diversa y rica, reflejo de especificidades culturales dentro de cierto marco común. Además de la literatura rusa, conviene, pues, referirse a la polaca, la eslovaca o la checa, entre otras. Algunos autores polacos han aparecido a lo largo y ancho de esta breve historia, como el famoso autor de novela histórica Sienkiewicz, premio nobel de literatura en 1905 y autor de *Quo vadis?*, obra ambientada en la Roma de Nerón; pero también podríamos mencionar a los poetas Przerwa-Tetmajer, Boleslaw Lesmian o Leopold Staff, cuyas obras se relacionan con las de los poetas franceses de fin de siglo o a autores del teatro de corte clasicista como Stanislaw Wyspianski. Todo ello antes de lograr la pretendida independencia, que llegará en 1918 —por poco tiempo, como es sabido— y que nos dejará a autores como Stanislaw Ignacy Witkiewicz, con un teatro capaz de sentar las bases del mejor teatro europeo del absurdo; la apasionante apuesta por la ciencia ficción del filósofo Stanislaw Lem, con su novela *Solaris*, que se hizo muy conocida tras el éxito cinematográfico premiado en el festival de Cannes (dirigido por Tarkovsky y estrenado en 1972, y con otra adaptación a manos de Soderbergh en 2002); o Witold Gombrowicz, afincado en Argentina, conocido por su novela, teatro y sus ideas frontales contra la poesía (patente en su mordaz ensayo *Contra los poetas*). Entre los autores polacos actuales, sobresalen, entre otros, Magdalena Tulli, traductora y novelista de estilo bello e imaginativo; Ryszard Kapuściński, periodista y escritor (gran reportero de África); Wisława Szymborska, poeta de referencia actual y premio nobel en 1996, o Andrzej Sapkowski, novelista muy arraigado en la mitología y las tradiciones eslavas.

La literatura checa puede escribirse en tres lenguas: alemán, checo y latín. En alemán, nos hemos referido en su momento a autores como Rainer María Rilke o Franz Kafka. Quizá el mejor momento de la literatura checa pueda situarse con posterioridad a la Primera Guerra Mundial, cuando consigue su

JÁN ZAMBOR

Tvarovanie básne, tvarovanie zmyslu

VEDA
vydavateľstvo
Slovenskej
akadémie vied

Obra del poeta eslovaco Ján Zambor

independencia como país y la literatura logra permitirse las preocupaciones estéticas ajena a su posible objetivo político (con las obras de Karel Čapek, Vančura o Jaroslav Hašek, en narrativa, y, en poesía, de Vítězslav Nezval, Jan Zahradníček o Jaroslav Seifert, premio nobel en 1984).

Por su parte, la literatura eslovaca ha presentado los cambios acontecidos en Europa en cuanto a la sucesión de los diferentes movimientos estéticos (desde la Edad Media hasta el período de entreguerras, ya en el siglo xx, pasando por el modernismo del primer cuarto del siglo pasado) e incluso al arranque de la literatura actual a partir de 1990, en su caso, tras el fin del régimen comunista. Aunque es muy complicado señalar una nómina de escritores actuales, basta señalar el interés que despiertan dos poetas como Milan Richter y Ján Zambor, ambos también importantes traductores (cuya labor no entendemos separada de la del creador, por razones obvias en la absoluta deuda que con ella guarda la literatura universal) y con una especial incidencia en la literatura y cultura españolas, fomentada a través de encuentros internacionales.

Las literaturas árabes

Sin duda, se trata de una literatura que se sustancia en una lengua muy diferente respecto de las indoeuropeas, cuyo comienzo suele situarse en *El Corán*, aunque no debemos olvidar la literatura preislámica, de la que tenemos testimonios —al menos en lo que a poesía se refiere— desde el siglo iv.

La métrica clásica árabe sigue vigente en la actualidad y proporciona una interesante musicalidad

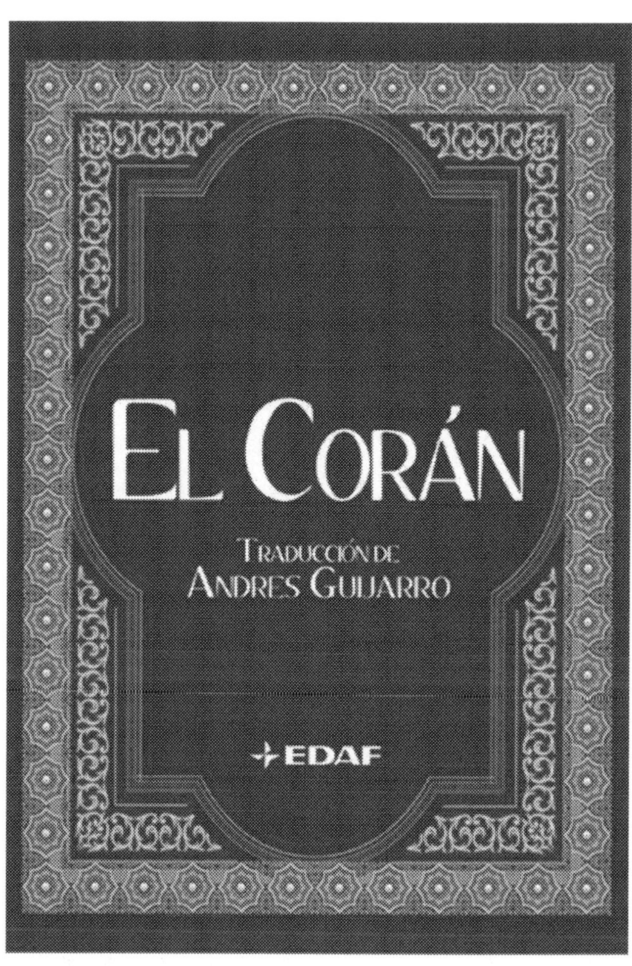

El Corán, en la traducción al español de Andrés Guijarro para la editorial Edaf

porque se basa en una métrica cuantitativa, así como también se conserva la casida, que ha sido objeto de diversas remodelaciones para adaptarla, incluso, a la modernidad. Obviamente, es una literatura influida por los avatares históricos (precisamente en poemas de árabe clásico, concretamente moaxajas, encontró Samuel Stern las jarchas escritas en un primitivo castellano; junto a ellas, también es difícil no recordar el zéjel, la importancia de las metáforas e integración de la naturaleza en las concepciones místicas o la influencia determinante de los cuentos y leyendas árabes en la Europa medieval —*La Divina Comedia* de Dante se basa en una leyenda árabe, verbigracia—).

Tras la decadencia literaria durante los siglos XVI y XVII, aunque permanece vigorosa la literatura popular, el siglo XIX supone el reto de la diversidad de dialectos y la influencia europea a partir del momento en el que Napoleón entró con sus tropas en Egipto (como también influyó la prensa, por ejemplo, que pronto se convirtió en instrumento para alcanzar y para destruir el poder). Asimismo, el nacimiento del teatro en la literatura árabe, así como de la novela, llegará en el XIX (alcanzó su culmen en el siglo XX con el egipcio Tawfīq al-Ḥakīm, de resonancia internacional), gracias al contacto con las comedias y óperas italianas. Estos dos géneros eran inéditos hasta entonces en el mundo arabófono, no así el cuento, que gozaba de gran tradición y calidad.

Quizá considerar los modelos europeos en exceso supuso que las obras renunciasen a una profunda originalidad, de la que sí gozó la lírica, ajena a las modas de Occidente y más pendiente de dialogar con su propia tradición. Destacamos al diplomático sirio Nizār Qabbānī, por ejemplo, nos propone versos libres que dedica, sobre todo, a España; a los iraquíes Nāzik al-Malā'ika, interesante poetisa que se hizo internacional con su publicación *Enamorada de la noche*, de voz personal e intimista, y Abd al-Wahhab al Bayyātī; o al poeta y político marroquí Alāl al-Fāsī, entre otros muchos).

Referencias bibliográficas

COMOTTO, Agustín; CRISTÒFOL, Tono; GARCÍA MARTÍN, Pedro. *Atlas de literatura universal: 35 obras para descubrir el mundo*. Madrid: Nórdica Libros, 2017.

CUENCA TORIBIO, José Manuel. *Historia y literatura*. San Sebastián de los Reyes: Actas Editorial, 2004.

DOMENE, Pedro M. *Imposturas: ensayos de literatura universal*. Almería: Instituto de Estudios Almerienses, Diputación de Almería, 2000.

FERRER, Jordi y CAÑUELO, Susana. *Historia de la literatura universal*. Barcelona: Editorial Óptima, 2002.

GUILLÉN, Claudio. *Entre lo uno y lo diverso: introducción a la literatura comparada (ayer y hoy)*. Barcelona: Tusquets, 2005.

Klemperer, Victor. *Literatura universal y literatura europea*. Barcelona: Acantilado, 2010.

Lavalette, Robert. *Historia de la literatura universal.* Barcelona: Destino, 1970.

Llovet, Jordi (dir.), *La literatura admirable: del Génesis a Lolita*. Barcelona: Pasado & Presente, 2018.

Llovet, Jordi; Riquer, Jordi; Valverde, José María. *Lecciones de literatura universal: siglos* XII *a* XX. Madrid: Cátedra, 2003.

Millares Carlo, Agustín. *Historia universal de la literatura: de acuerdo con los programas oficiales.* México, D.F.: Editorial Esfinge, 1995.

Oseguera Mejía, Eva Lydia (comp.), *Compendio de literatura universal.* México D.F.: Larousse-Grupo Editorial Patria, 2014.

Padorno, Eugenio y Santana Henríquez, Germán. *Perseguidos, malditos y exiliados en la literatura universal.* Las Palmas: Universidad de Las Palmas de Gran Canaria, 2004.

Redondo, Jordi. *Literatura grecorromana*. Madrid: Síntesis SA, 2004.

Riquer, Martín; Pujol, Carlos; Valverde, José María. *Historia de la literatura universal. Desde los inicios hasta el barroco*, Madrid, Gredos, 2010.

Riquer, Martín; Valverde, José María; Llovet, Jordi. *Historia de la literatura universal. Desde el barroco hasta nuestros días*. Madrid: Gredos, 2010.

VV. AA. *Historia universal de la literatura*. México, D.F.: Origen, 1983.

Colección Breve Historia...

- *Breve historia de los samuráis*, Carol Gaskin y Vince Hawkins
- *Breve historia del Antiguo Egipto*, Juan Jesús Vallejo
- *Breve historia de la brujería*, Jesús Callejo
- *Breve historia de la Revolución rusa*, Íñigo Bolinaga
- *Breve historia de la Segunda Guerra Mundial*, Jesús Hernández
- *Breve historia de la guerra de independencia española*, Carlos Canales
- *Breve historia de los íberos*, Jesús Bermejo Tirado
- *Breve historia de los incas*, Patricia Temoche
- *Breve historia de Francisco Pizarro*, Roberto Barletta
- *Breve historia del fascismo*, Íñigo Bolinaga
- *Breve historia del Che Guevara*, Gabriel Glasman
- *Breve historia de los aztecas*, Marco Cervera

- *Breve historia de Roma I. Monarquía y República*, Bárbara Pastor
- *Breve historia de Roma II. El Imperio*, Bárbara Pastor
- *Breve historia de la mitología griega*, Fernando López Trujillo
- *Breve historia de Carlomagno y el Sacro Imperio Romano Germánico*, Juan Carlos Rivera Quintana
- *Breve historia de la conquista del Oeste*, Gregorio Doval
- *Breve historia del salvaje Oeste. Pistoleros y forajidos*, Gregorio Doval
- *Breve historia de la guerra civil española*, Íñigo Bolinaga
- *Breve historia de los cowboys*, Gregorio Doval
- *Breve historia de los indios norteamericanos*, Gregorio Doval
- *Breve historia de Jesús de Nazaret*, Francisco José Gómez
- *Breve historia de los piratas*, Silvia Miguens
- *Breve historia del Imperio bizantino*, David Barreras y Cristina Durán
- *Breve historia de la guerra moderna*, Françesc Xavier Hernández y Xavier Rubio
- *Breve historia de los Austrias*, David Alonso García
- *Breve historia de Fidel Castro*, Juan Carlos Rivera Quintana
- *Breve historia de la carrera espacial*, Alberto Martos
- *Breve historia de Hispania*, Jorge Pisa Sánchez
- *Breve historia de las ciudades del mundo antiguo*, Ángel Luis Vera Aranda

- *Breve historia del Homo sapiens*, Fernando Díez Martín
- *Breve historia de Gengis Kan y el pueblo mongol*, Borja Pelegero Alcaide
- *Breve historia del Kung-Fu*, William Acevedo, Carlos Gutiérrez y Mei Cheung
- *Breve historia del condón y de los métodos anticonceptivos*, Ana Martos Rubio
- *Breve historia del socialismo y el comunismo*, Javier Paniagua
- *Breve historia de las cruzadas*, Juan Ignacio Cuesta
- *Breve historia del Siglo de Oro*, Miguel Zorita Bayón
- *Breve historia del rey Arturo*, Christopher Hibbert
- *Breve historia de los gladiadores*, Daniel P. Mannix
- *Breve historia de Alejandro Magno*, Charles Mercer
- *Breve historia de las ciudades del mundo clásico*, Ángel Luis Vera Aranda
- *Breve historia de España I. Las raíces*, Luis E. Íñigo Fernández
- *Breve historia de España II. El camino hacia la modernidad*, Luis E. Íñigo Fernández
- *Breve historia de la alquimia*, Luis E. Íñigo Fernández
- *Breve historia de las leyendas medievales*, David González Ruiz
- *Breve historia de los Borbones españoles*, Juan Granados
- *Breve historia de la Segunda República española*, Luis E. Íñigo Fernández
- *Breve historia de la guerra del 98*, Carlos Canales y Miguel del Rey

- *Breve historia de la guerra antigua y medieval*, Francesc Xavier Hernández y Xavier Rubio
- *Breve historia de la guerra de Ifni-Sahara*, Carlos Canales y Miguel del Rey
- *Breve historia de la China milenaria*, Gregorio Doval
- *Breve historia de Atila y los hunos*, Ana Martos
- *Breve historia de los persas*, Jorge Pisa Sánchez
- *Breve historia de los judíos*, Juan Pedro Cavero Coll
- *Breve historia de Julio César*, Miguel Ángel Novillo López
- *Breve historia de la medicina*, Pedro Gargantilla
- *Breve historia de los mayas*, Carlos Pallán
- *Breve historia de Tartessos*, Raquel Carrillo
- *Breve historia de las guerras carlistas*, Josep Carles Clemente
- *Breve historia de las ciudades del mundo medieval*, Ángel Luis Vera Aranda
- *Breve historia de la música*, Javier María López Rodríguez
- *Breve historia del Holocausto*, Ramon Espanyol Vall
- *Breve historia de los neandertales*, Fernando Díez Martín
- *Breve historia de Simón Bolívar*, Roberto Barletta
- *Breve historia de la Primera Guerra Mundial*, Álvaro Lozano
- *Breve historia de Roma*, Miguel Ángel Novillo López
- *Breve historia de los cátaros*, David Barreras y Cristina Durán
- *Breve historia de Hitler*, Jesús Hernández

- *Breve historia de Babilonia*, Juan Luis Montero Fenollós
- *Breve historia de la Corona de Aragón*, David González Ruiz
- *Breve historia del espionaje*, Juan Carlos Herrera Hermosilla
- *Breve historia de los vikingos*, Manuel Velasco
- *Breve historia de Cristóbal Colón*, Juan Ramón Gómez Gómez
- *Breve historia del anarquismo*, Javier Paniagua
- *Breve historia de Winston Churchill*, José Vidal Pelaz López
- *Breve historia de la Revolución Industrial*, Luis E. Íñigo Fernández
- *Breve historia de los sumerios*, Ana Martos Rubio
- *Breve historia de Cleopatra*, Miguel Ángel Novillo
- *Breve historia de Napoleón*, Juan Granados
- *Breve historia de al-Ándalus*, Ana Martos Rubio
- *Breve historia de la astronomía*, Ángel R. Cardona
- *Breve historia del islam*, Ernest Y. Bendriss
- *Breve historia de Fernando el Católico*, José María Manuel García-Osuna Rodríguez
- *Breve historia del feudalismo*, David Barreras y Cristina Durán
- *Breve historia de la utopía*, Rafael Herrera Guillén
- *Breve historia de Francisco Franco*, José Luis Hernández Garvi
- *Breve historia de la Navidad*, Francisco José Gómez

- *Breve historia de la Revolución francesa*, Iñigo Bolinaga
- *Breve historia de Hernán Cortés*, Francisco Martínez Hoyos
- *Breve historia de los conquistadores*, José María González Ochoa
- *Breve historia de la Inquisición*, José Ignacio de la Torre Rodríguez
- *Breve historia de la arqueología*, Jorge García
- *Breve historia del arte*, Carlos Javier Taranilla de la Varga
- *Breve historia del cómic*, Gerardo Vilches Fuentes
- *Breve historia del budismo*, Ernest Yassine Bendriss
- *Breve historia de Satanás*, Gabriel Andrade
- *Breve historia de la batalla de Trafalgar*, Luis E. Íñigo Fernández
- *Breve historia de los Tercios de Flandes*, Antonio José Rodríguez Hernández
- *Breve historia de los Medici*, Eladio Romero
- *Breve historia de la Camorra*, Fernando Bermejo
- *Breve historia de la guerra civil de los Estados Unidos*, Montserrat Huguet
- *Breve historia de la guerra del Vietnam*, Raquel Barrios Ramos
- *Breve historia de la Corona de Castilla*, José Ignacio Ortega
- *Breve historia de entreguerras*, Óscar Sainz de la Maza
- *Breve historia de los godos*, Fermín Miranda

- *Breve historia de la Cosa Nostra*, Fernando Bermejo
- *Breve historia de la batalla de Lepanto*, Luis E. Íñigo Fernández
- *Breve historia del mundo*, Luis E. Íñigo Fernández
- *Breve historia de los dirigibles*, Carlos Lázaro
- *Breve historia del románico*, Carlos Javier Taranilla de la Varga
- *Breve historia de la literatura española*, Alberto de Frutos
- *Breve historia de Cervantes*, José Miguel Cabañas
- *Breve historia de la Gestapo*, Sharon Vilches
- *Breve historia de los celtas* (nueva edición), Manuel Velasco
- *Breve historia de la arquitectura*, Teresa García Vintimilla
- *Breve historia de la guerra de los Balcanes*, Eladio Romero e Iván Romero
- *Breve historia de las guerras púnicas*, Javier Martínez-Pinna
- *Breve historia de Isabel la Católica*, Sandra Ferrer Valero
- *Breve historia del gótico*, Carlos Javier Taranilla de la Varga
- *Breve historia de la caballería medieval*, Manuel J. Prieto
- *Breve historia de la Armada Invencible*, Víctor San Juan
- *Breve historia de la mujer*, Sandra Ferrer Valero

- *Breve historia de la Belle Époque*, Ainhoa Campos Posada
- *Breve historia de las batallas navales de la Antigüedad*, Víctor San Juan
- *Breve historia de las batallas navales de la Edad Media*, Víctor San Juan
- *Breve historia del Imperio otomano*, Eladio Romero
- *Breve historia de la guerra de la independencia de los EE. UU.*, Montserrat Huguet Santos
- *Breve historia de la caída del Imperio romano*, David Barreras Martínez
- *Breve historia de los fenicios*, José Luis Córdoba de la Cruz
- *Breve historia de la ciencia ficción*, Luis E. Íñigo Fernández
- *Breve historia de Felipe II*, José Miguel Cabañas
- *Breve historia del Renacimiento*, Carlos Javier Taranilla
- *Breve historia de Carlos V*, José Ignacio Ortega Cervigón
- *Breve historia de la vida cotidiana del Imperio romano*, Lucía Avial Chicharro
- *Breve historia de la generación del 27*, Felipe Díaz Pardo
- *Breve historia de las batallas de la Antigüedad, Egipto-Grecia-Roma*, Carlos Díaz Sánchez
- *Breve historia de la vida cotidiana del antiguo Egipto*, Clara Ramos Bullón

- *Breve historia de las batallas navales del Mediterráneo,* Víctor San Juan
- *Breve historia de la Guerra fria,* Eladio Romero
- *Breve historia de la mitología de Roma y Etruria,* Lucía Avial Chicharro
- *Breve historia de la filosofía occidental*, Vicente Caballero de la Torre
- *Breve historia del Barroco,* Carlos Javier Taranilla
- *Breve historia del Japón feudal,* Rubén Almagón
- *Breve historia de la Reconquista,* José Ignacio de la Torre
- *Breve historia del antiguo Egipto*, Azael Varas
- *Breve historia de los nacionalismos,* Iván Romero
- *Breve historia de la mitología nórdica,* Carlos Díaz
- *Breve historia de los viajes de Colón*, Juan Gabriel Rodríguez Laguna
- *Breve historia de las batallas navales de los acorazados,* Víctor San Juan
- *Breve historia del arte neoclásico*, Carlos Javier Taranilla
- *Breve historia de los trasatlánticos y cruceros*, Víctor San Juan
- *Breve historia de la economía,* Santiago Armesilla
- *Breve historia del fútbol,* Marcos Uyá Esteban*Breve historia del liberalismo*, Juan A. Granados
- *Breve historia de los ejércitos: legión romana*, Begoña Rojo
- *Breve historia de España I*, Luis E. Íñigo Fernández

- *Breve historia de España II*, Luis E. Íñigo Fernández
- *Breve historia de Juana I de Castilla,* Javier Manso
- *Breve historia de la guerra de Bosnia*, Fernando Sánchez Arranz
- *Breve historia de la antigua Grecia*, Rebeca Arranz
- *Breve historia de la vida cotidiana de la Iberia prerromana*, Carlos Díaz Sánchez
- *Breve historia de las batallas navales de las fragatas,* Víctor San Juan

Próximamente...

- *Breve historia de Blas de Lezo*, Víctor San Juan
- *Breve historia del cine*, Antonio Rodríguez Vela
- *Breve historia de los generales 1. Antigüedad*, Carlos Díaz Sánchez
- *Breve historia de las guerras africanas del siglo* XX, Óscar Córdoba Fernández
- *Breve historia de la mitología griega*, Rebeca Arranz
- *Breve historia de la mitología egipcia*, Azael Varas
- *Breve historia de la mitología japonesa*, Luis Carretero
- *Breve historia de la vida cotidiana de la Edad Media occidental*, José Ignacio Ortega Cervigón
- *Breve historia del arte volúmen 12: románticismo e impresionismo*, Carlos Javier Taranilla de la Varga

Le invitamos a leer otras obras: puede escanear los códigos QR con su *smartphone* o tableta para leer un fragmento gratuito.

Breve historia de la generación del 27

Breve historia de la literatura española

Breve historia de Cervantes

La literatura española en 100 preguntas

La literatura hispanoamericana en 100 preguntas

La literatura universal en 100 preguntas